A CONSTITUCIONALIZAÇÃO DO DIREITO CIVIL E DO DIREITO PROCESSUAL CIVIL

Instrumentos para a Efetivação da Dignidade da Pessoa Humana no Âmbito do Direito do Consumidor

Capa: Valéria Nogueira Almeida
Projeto Gráfico: Valéria Nogueira Almeida
Imagem de Capa: Valéria Nogueira Almeida
Acabamento: Valéria Nogueira Almeida

A CONSTITUCIONALIZAÇÃO DO DIREITO CIVIL E DO DIREITO PROCESSUAL CIVIL

Instrumentos para a Efetivação da Dignidade da Pessoa Humana no Âmbito do Direito do Consumidor

Autores: Lucas dos Anjos Barbosa da Cunha e Iago Albuquerque Pontes

1° Edição - 2025

Dados Internacionais de Catalogação na Publicação (CIP) (Câmara Brasileira do Livro, SP, Brasil)

Cunha, Lucas do Anjos Barbosa da

A constitucionalização do direito civil e do direito processual civil : instrumentos para a efetivação da dignidade da pessoa humana no âmbito do direito do consumidor / Lucas do Anjos Barbosa da Cunha, Iago Albuquerque Pontes. -- 1. ed. -- Porto Velho, RO : Ed. dos Autores, 2025.

Bibliografia.
ISBN 978-65-01-84013-0

1. Constitucionalismo - Brasil 2. Consumidores - Leis e legislação - Brasil 3. Dignidade humana 4. Direito civil - Brasil 5. Direito processual civil - Brasil I. Pontes, Iago Albuquerque. II. Título.

25-321951.0

CDU-347(81)

Índices para catálogo sistemático:

1. Brasil : Direito civil 347(81)

Aline Graziele Benitez - Bibliotecária - CRB-1/3129

"Oh, homem! Põe teu coração naquilo que é certo! E então, toma ciência de que o maior dos louvores humanos é ser constante" - Philip Dormer Stanhope, Conde de Chersterfield, no livro “Regras para bem viver”. (Ed. Unesp. Trad. de Marilise Rezende Bertin. 1. ed. 2012.

PREFÁCIO

A história do direito é, antes de tudo, a história da própria sociedade. Mudamos, e com essas mudanças transformamos inevitavelmente o modo como concebemos justiça, proteção e dignidade. Este livro nasce exatamente desse ponto de encontro: o momento em que o Direito Civil e o Direito Processual Civil se reencontram com a Constituição para, a partir dela, ressignificar suas bases, seus limites e suas finalidades.

Ao longo das páginas que seguem, o leitor será guiado pelo processo de constitucionalização desses ramos do direito — um movimento que deixou de ser mera tendência acadêmica para se afirmar como exigência histórica. Mais do que identificar normas, trata-se de compreender como princípios como a dignidade da pessoa humana, a igualdade e a proteção dos direitos fundamentais passaram a ocupar posição central na interpretação do direito privado e das regras processuais, influenciando sobremaneira as relações jurídicas contemporâneas.

O início do século XXI marcou um período de virada: mudanças sociais intensas remodelaram o ordenamento jurídico e tornaram indispensável a revisão de práticas antes tidas como imutáveis. A promulgação da Lei nº 8.078/90, instituindo o Código de Defesa do Consumidor, é um marco desse movimento. Sua criação revela como o Direito Civil e o Direito Processual Civil foram chamados a dialogar com a Constituição e a acolher valores que antes pareciam distantes de seu núcleo tradicional.

A análise aqui apresentada percorre esse caminho, demonstrando que a antiga separação rígida entre Direito Civil e Direito Constitucional não resistiu à força dos fatos sociais. Assim como em outros momentos da história - inclusive em experiências estrangeiras que mostram como profundas mutações podem ocorrer sem qualquer alteração formal na letra da lei -, o direito brasileiro passou a refletir as transformações políticas, econômicas e culturais de sua época.

No campo do Direito do Consumidor, esse processo se mostra ainda mais evidente. A sociedade de consumo moderna não se explica mais pelo luxo, mas pela necessidade. Proteger o consumidor tornou-se, portanto, um imperativo de afirmação da própria dignidade humana. O Código de Defesa do Consumidor elevou essa proteção a um novo patamar, reconhecendo que a inclusão social passa também pela tutela das relações de mercado.

Este livro é, assim, um convite: compreender a constitucionalização do Direito Civil e Processual Civil como fenômeno vivo, permanente e essencial. Um movimento que garante que o ordenamento jurídico não permaneça estático diante das mudanças do mundo, mas siga cumprindo sua missão maior - assegurar a efetividade dos direitos fundamentais e preservar a dignidade da pessoa humana em todas as dimensões da vida, inclusive nas relações de consumo.

APRESENTAÇÃO

Este livro oferece ao leitor uma visão clara e acessível sobre o processo de constitucionalização do Direito Civil e do Direito Processual Civil, destacando como os princípios e valores fundamentais da Constituição passaram a orientar, de forma decisiva, a interpretação das relações privadas e das normas processuais. A obra demonstra que a evolução do ordenamento jurídico brasileiro - especialmente após a criação do Código de Defesa do Consumidor - é resultado direto das transformações sociais que exigiram uma releitura das estruturas tradicionais do direito.

Ao percorrer este estudo, o leitor compreenderá como a dignidade da pessoa humana, a igualdade e a proteção dos direitos fundamentais deixaram de ser apenas diretrizes abstratas para se tornarem elementos concretos e indispensáveis na aplicação do Direito, sobretudo no campo das relações de consumo. Trata-se, portanto, de uma análise que ilumina o caminho para um direito mais humano, coerente com a realidade contemporânea e comprometido com a efetivação dos valores constitucionais.

Lucas dos Anjos Barbosa da Cunha
Iago Albuquerque Pontes

SUMÁRIO

INTRODUÇÃO

A constitucionalização do Direito Civil e do Direito Processual Civil no Brasil reflete uma significativa evolução do ordenamento jurídico, marcada pela integração dos princípios e direitos fundamentais estabelecidos na Constituição Federal de 1988. Esta mudança tem como objetivo central a efetivação da dignidade da pessoa humana, especialmente no contexto do Direito do Consumidor.

A constitucionalização do ordenamento jurídico brasileiro se insere no contexto das transformações sociais e políticas do século XX, que testemunharam a transição do Estado Liberal para o Estado Social. O Estado Liberal, surgido como resposta ao Estado Absolutista, promoveu a separação entre o Estado e a economia, além da liberdade política. Em contrapartida, o Estado Social destacou-se pela promoção da justiça social e da igualdade, visando garantir os direitos sociais dos cidadãos. O conceito de Estado Democrático de Direito emergiu nesse contexto, definindo um sistema de governo onde o poder é exercido pelo povo, mas limitado pelo direito, para concretizar os interesses coletivos.

Promulgada em 1988, a Constituição Federal do Brasil instituiu um Estado Democrático de Direito destinado a assegurar o exercício dos direitos sociais e individuais, a liberdade, a segurança, o bem-estar, o desenvolvimento, a igualdade e a justiça como valores supremos. Os princípios fundamentais consagrados na Constituição, especialmente o da dignidade da pessoa humana, desempenham um papel crucial na busca por uma sociedade mais justa e na redução das desigualdades sociais.

Dessa forma, esse processo de constitucionalização do Direito Civil e do Direito Processual Civil refere-se ao fenômeno em que os princípios e direitos fundamentais estabelecidos pela Constituição começam a influenciar diretamente as normas e relações do direito privado e processual. Esse processo resulta na incorporação dos valores constitucionais, como a dignidade da pessoa humana, a igualdade e a proteção dos direitos fundamentais, na interpretação e aplicação das normas do direito civil e processual civil.

Como será melhor tratado neste trabalho, o início do século XXI foi marcado por diversas reviravoltas e mudanças sociais, o que, por consequência, impactou o ordenamento jurídico como um todo. Dessa forma, a influência exercida pelos pleitos sociais a partir do desenvolvimento de um sentimento crítico já experimentado a muito pela sociedade brasileira, em especial, foi possível de ser ouvida a partir de uma expressão político-social inerente aos desenvolvimentos implementados pós-ditadura militar, como chamam os historiadores, que resultaram, dentre outras coisas, na Lei n° 8.078/90, que instituiu o Código de Defesa do Consumidor.

A nova conjuntura constitucional influenciou todas as áreas do Direito, incluindo o Direito Civil e o Direito Processual Civil. A Constituição de 1988 passou a ser vista como um guia para a concretização dos direitos fundamentais dos cidadãos, implicando que as normas do Direito Civil e Processual Civil também fossem interpretadas e aplicadas à luz dos valores e princípios constitucionais.

Neste livro, será evidenciado que o ser humano transcende a condição de sujeito passivo no âmbito jurídico, sendo, na verdade, o destinatário principal e a justificativa primordial do Direito. A análise se concentrará em destacar a relevância do princípio da dignidade da pessoa humana como um elemento fundamental na edificação de uma sociedade mais justa, equitativa e comprometida com o respeito aos direitos fundamentais de todos os indivíduos.

Para compreender a constitucionalização do Direito Civil e do Direito Processual Civil, torna-se indispensável revisitar a trajetória histórica que moldou o ordenamento jurídico brasileiro. O exame dos acontecimentos, das ideias e das transformações sociais ao longo do século XX revela como a transição do Estado Liberal para o Estado Social redefiniu a relação entre indivíduo, Estado e sociedade, criando o ambiente propício para o surgimento de um modelo constitucional comprometido com a dignidade da pessoa humana e com os direitos fundamentais.

Essa contextualização histórica permite identificar como determinados conceitos jurídicos foram se transformando, deixando para trás antigas concepções estáticas e abrindo espaço para novas interpretações orientadas pela Constituição de 1988. Ao analisar criticamente esses conceitos e sua evolução, é possível esclarecer ambiguidades, compreender suas implicações práticas e reconhecer os pressupostos que sustentam as estruturas atuais do Direito Civil e do Direito Processual Civil. Esse percurso também revela como determinados modelos teóricos passaram a ser reformulados, dando origem a novas construções que refletem melhor as necessidades sociais contemporâneas.

A compreensão desse movimento exige atenção às contribuições da doutrina, da jurisprudência e das diversas construções teóricas que, ao longo dos anos, trataram da incidência dos princípios constitucionais sobre o direito privado. O diálogo com essas obras, aliado ao estudo das principais mudanças legislativas - como a instituição do Código de Defesa do Consumidor -, permite visualizar o caminho percorrido pelo ordenamento até consolidar a centralidade da dignidade humana como eixo interpretativo.

Assim, mais do que um exame técnico, o presente estudo propõe uma reflexão crítica sobre a formação desse novo paradigma jurídico. Ao reunir e analisar diferentes contribuições acadêmicas, decisões judiciais relevantes e teorias que buscaram explicar a interação entre Constituição e Direito Civil, torna-se possível identificar não apenas a evolução histórica do tema, mas também os espaços em que ainda há tensões, desafios e possibilidades de aprimoramento.

Essa abordagem integrada demonstra que a constitucionalização não é apenas um movimento doutrinário, mas um fenômeno vivo, que se desenvolve à medida que novas demandas sociais surgem, novos conflitos são judicializados e novas leituras constitucionais se impõem. Com isso, evidencia-se que compreender o direito contemporâneo exige necessariamente compreender sua história, seus fundamentos e as transformações que o conduziram ao modelo atual, no qual o ser humano ocupa o centro das relações jurídicas e se afirma como o destinatário maior da proteção constitucional.

CAPÍTULO I - A Evolução da Constitucionalização do Direito Civil e do Direito Processual Civil no Brasil e seu reflexo no Direito do Consumidor

A evolução da constitucionalização do Direito Civil e do Direito Processual Civil no Brasil configura um processo complexo e abrangente, marcado por distintas fases e transformações substanciais. Desde a promulgação da Constituição Federal de 1988 até os dias atuais, observam-se mudanças significativas que têm moldado essas áreas do ordenamento jurídico nacional. Este período é caracterizado por uma crescente aproximação entre o Direito Civil e os preceitos constitucionais, refletindo uma preocupação intensificada com a tutela dos direitos fundamentais, bem como a garantia da igualdade e da dignidade da pessoa humana.

No âmbito do Direito Civil, a incorporação de novos valores e princípios constitucionais provocou profundas metamorfoses, objetivando a concretização da justiça social e a promoção da dignidade da pessoa humana. O movimento de constitucionalização busca aprimorar as relações jurídicas privadas, estabelecendo um equilíbrio equitativo de direitos e deveres entre os sujeitos de direito. A Constituição é percebida como o alicerce

primordial para a edificação de um ordenamento jurídico que privilegia a equidade e a justiça.
A constitucionalização do Direito Civil se manifesta, sobretudo, na reformulação de institutos tradicionais à luz dos princípios constitucionais, tais como a dignidade da pessoa humana, a igualdade, a solidariedade e o pluralismo. Essa reinterpretação constitucional dos institutos civilistas visa não apenas a proteção individual dos direitos, mas também a promoção de um ordenamento jurídico capaz de responder às demandas sociais contemporâneas, assegurando a justiça distributiva e a coesão social.

No campo do Direito Processual Civil, a constitucionalização se traduz em impactos significativos sobre a função jurisdicional do Estado, orientando-a para uma prestação jurisdicional mais célere, eficiente e conforme os ditames constitucionais. O processo civil passou por importantes adaptações, visando garantir o acesso à justiça de forma efetiva e igualitária. Tais mudanças abrangem a implementação de mecanismos processuais voltados à celeridade e eficiência, como a simplificação de procedimentos e a ampliação do uso de meios alternativos de solução de conflitos, em consonância com os princípios da duração razoável do processo e da ampla defesa.

A constitucionalização do Direito Processual Civil implica também na revalorização dos princípios constitucionais no âmbito processual, tais como o contraditório, a ampla defesa, a igualdade das partes, a publicidade dos atos processuais e a motivação das decisões judiciais. Essas transformações visam assegurar uma jurisdição que efetivamente realize os direitos fundamentais e promova a justiça substantiva.

Em suma, a constitucionalização do Direito Civil e do Direito Processual Civil no Brasil reflete uma constante e profunda preocupação com a proteção dos direitos fundamentais e a efetivação da justiça social. Este movimento, ao integrar valores e princípios constitucionais no cerne dessas disciplinas, visa construir um sistema jurídico mais justo e igualitário, que assegure a todos os cidadãos o acesso à justiça e a plena garantia de seus direitos. A busca por uma prestação jurisdicional eficiente e em consonância com os preceitos constitucionais é essencial para a consolidação e o fortalecimento do Estado Democrático de Direito no país.

1. Aspectos Históricos

Os antecedentes históricos da constitucionalização do direito civil e do direito processual civil no Brasil remontam à promulgação da Constituição Federal de 1988, que consolidou a transição do Estado autoritário para o democrático. Nesse contexto, observa-se a influência das constituições anteriores, como a de 1824, 1891, 1934, 1937, 1946 e 1967, que também contribuíram para os princípios e fundamentos que sustentam a atual constitucionalização. Além disso, a influência do movimento histórico do constitucionalismo pode ser observada, moldando a cultura jurídica e influenciando a inserção de direitos e garantias fundamentais nos ordenamentos jurídicos. Esses antecedentes históricos são essenciais para compreender a evolução e a importância da constitucionalização do direito civil e do direito processual civil no Brasil.

A consolidação jurídica do Estado democrático e aberto às mudanças traz consigo um legado inegável das constituições passadas, que estabeleceram os alicerces para a atual constitucionalização que observamos hoje no Brasil. A Constituição de 1824, por exemplo, foi uma das primeiras a trazer disposições a respeito dos direitos civis e processuais, ainda que de forma bastante restrita. No entanto, foi com a promulgação da Constituição de 1891 que realmente começaram a se delinear os contornos da constitucionalização do direito civil e do direito processual civil no país.

A partir desse momento, as constituições que se sucederam trouxeram avanços significativos nesse sentido. A Constituição de 1934, por exemplo, representou um marco na história do direito civil e processual civil brasileiro, ao reconhecer e garantir a proteção de diversos direitos fundamentais. Já a Constituição de 1937, embora tenha sido marcada por um período autoritário, trouxe algumas inovações importantes em relação ao direito processual.

Com o fim do Estado Novo, a Constituição de 1946 foi promulgada, estabelecendo um regime democrático e assegurando diversos direitos e garantias individuais. No entanto, foi somente com a Constituição de 1967, durante o regime militar, que um maior impulso foi dado à constitucionalização do direito civil e processual civil, com a inclusão de normas específicas sobre o tema. No entanto, todas essas constituições anteriores serviram como base e influenciaram diretamente a promulgação da Constituição Federal de 1988.

Essa Carta Magna, conhecida como Constituição Cidadã, consolidou todos os avanços anteriores e estabeleceu os princípios e fundamentos que sustentam a atual constitucionalização do direito civil e do direito processual civil no Brasil.

Além da influência das constituições anteriores, é importante destacar a influência do movimento histórico do constitucionalismo. Esse movimento deu origem a inúmeras discussões e transformações no campo do direito, moldando a cultura jurídica e influenciando a inserção de direitos e garantias fundamentais nos ordenamentos jurídicos.

A partir desse contexto histórico, torna-se possível compreender a evolução e a importância da constitucionalização do direito civil e do direito processual civil no Brasil. A constitucionalização não se restringe apenas ao texto constitucional, mas permeia todo o sistema jurídico, conferindo maior proteção aos direitos e garantias fundamentais dos cidadãos e estabelecendo uma estrutura mais sólida e democrática.

Por fim, os antecedentes históricos da constitucionalização do direito civil e do direito processual civil no Brasil estão intrinsecamente ligados à promulgação da Constituição Federal de 1988, bem como às constituições anteriores e ao movimento histórico do constitucionalismo. Esses antecedentes são fundamentais para compreendermos a trajetória e a importância desse processo, que visa garantir a proteção dos direitos e a construção de um sistema jurídico mais justo e equânime.

1.1. Direito Civil e Processo Civil - reflexão das percepções do Direito Constitucional ao longo da história

Houve uma era em que as constituições eram vistas como documentos perpétuos. O poder constituinte seria invocado apenas uma única vez, conferindo ao Texto Constitucional uma forma definitiva e insuscetível de alterações. Possivelmente, a mais eloquente manifestação do conceito de constituições permanentes pode ser encontrada no Código de Hamurabi:

> *"Nos dias que hão de vir, e para o todo o sempre, o governante que estiver no País observará as palavras de justiça que estão escritas sobre o meu obelisco. Ele não alterará o direito do Estado, por mim formulado, ou as leis, por mim promulgadas, nem danificará as minhas esculturas." Cf. Chilperic Edwards. The World's Earliest Laws. London, Katts & Co., 1934.*

Ao longo da história no mundo romano-germânico, o direito civil sempre foi considerado o principal conjunto de normas reguladoras da vida individual. Nenhuma área do direito parecia mais distante do direito constitucional do que o direito civil. Em contraste com a constituição política, o direito civil era visto como a constitutio communis hominum (constituição do homem comum), especialmente após o processo de codificação liberal.

Sua lenta evolução tem atravessado a história do direito romano-germânico por mais de dois mil anos, aparentando ser imune às transformações sociais, políticas e econômicas, muitas vezes violentas, que ocorreram ao seu redor. Parecia que as relações jurídicas interpessoais, especialmente o direito das obrigações, permaneceriam inalteradas pelas mudanças históricas, com princípios e regras ancestrais mantendo sua validade, independentemente do tipo de constituição política vigente.

Estudos contemporâneos dos civilistas têm revelado a falácia dessa perspectiva estática, atemporal e desideologizada do direito civil. A questão não se resume a estabelecer um diálogo necessário entre os diferentes saberes jurídicos, com destaque para a interação entre o direito privado e o direito público, concebida como interdisciplinaridade interna. O objetivo vai além de investigar a inserção do direito civil na constituição jurídico-positiva; busca-se também explorar os fundamentos de sua validade jurídica, que devem ser extraídos do próprio texto constitucional.

Como dito, a percepção do status de imutabilidade logo se alterou, não se passaram muitos anos até que se observasse a verdadeira estruturação social se refletindo nos direitos constitucionais, um desses reflexos é a criação ou aceitação do termo doutrinário de "*mutação constitucional*". Na exploração do conceito de mutação constitucional, Bullos (2010, p. 118) caracteriza como o fenômeno em que os textos constitucionais sofrem alterações sem a necessidade de revisões ou emendas formais. Para ele, este processo é:

O fenômeno das mutações constitucionais, portanto, é uma constante na vida dos Estados. As constituições, como organismos vivos que são, acompanham o evoluir das circunstâncias sociais, políticas, econômicas, que, se não alteram o texto na letra e na forma, modificam-no na substância, no significado, no alcance e nos seus dispositivos.

Nesse ínterim, vale mencionar que no âmbito do direito civil e processual civil, talvez, até mesmo nos ramos do direito penal, os desejos sociais são muito mais influentes do que quando se observa a doutrina histórica. É evidente que quando se reflete acerca de períodos históricos medievais, por exemplo, nos deparamos com expressões absolutistas que em nada consideram qualquer manifestação social. Um exemplo disso é a famosa frase do Rei Luís XIV, que personificava o auge do poder que se poderia ter no contexto europeu à época: "*Je suis la Loi, Je suis l'Etat; l'Etat c'est moi*" (Eu sou a Lei, eu sou o Estado; o Estado sou eu!).

Ocorre que para sobrepor aos interesses sociais, não necessariamente se precisa ser um absolutista propriamente dito, quando se estuda a Alemanha nacionalista, em especial àquela de Adolf Hitler. É sabido que este galgou ao poder, na titulação e cargo de Primeiro Ministro Alemão, por meios democráticos e legais, além dos aspectos de estímulo social deturpados com um viés de supremacia ariana, foi observado que toda a estrutura do estado Alemão foi alterado, sem que, para tanto, houvesse alterações na letra da lei.

Isto posto, frente às normas constitucionais alemãs, formalmente inalteradas, viu-se que o reflexo social de uma parcela da população, em apoio ao líder extremista, puderam sobrepor interesses sociais realmente relevantes e que, historicamente se comprovam, não representavam desejo unânime dos alemães à época.

É indissociável o direito constitucional do direito civil e do direito processual civil, em absoluta contra-ideia romano-germânico. Observa-se que as mutações constitucionais, como um fenômeno factual, impactam todos os tipos de constituições, desde as rígidas até as mais flexíveis. A Constituição dos Estados Unidos, reconhecida por sua rigidez e força normativa, tem permanecido praticamente inalterada, em termos formais, por mais de 200 anos.

Não raras vezes se tem uma visão negativa quanto a tal estrutura norte-americana, mas não se pode negar que esta atinge seu objetivo enquanto texto constitucional, em seu conceito bruto, na importância de versar sobre regras e normas gerais, razão pela qual aplica, em significativa recorrência, o evento da mutação constitucional em respeito às modificações sociais que ainda são regidas por parâmetros éticos e morais condizentes com o texto constitucional.

Portanto, a constitucionalização do direito civil e do direito processual civil, nada mais é do que a concretização do caminho lógico, democrático e social a se seguir, frente a modernização do pensamento comum e suas mais diversas formas de manifestar seus conceitos críticos, fazendo suas perspectivas serem ouvidas e, por vezes, compartilhadas com outros, o que oportuniza o melhor entendimento da sociedade e a necessidade de construção normativa apta a ser eficaz e eficiente em atender sua finalidade.

1.2. Direito do Consumidor - reflexo da concretização da dignificação humana

A estruturação de uma nova sociedade de consumo tem provocado mudanças significativas nos papéis dos indivíduos dentro do mercado financeiro, promovendo valores sociais diferentes daqueles encontrados anteriormente nas camadas menos favorecidas economicamente. Nesse contexto, o consumo deixou de ser um papel secundário para assumir um protagonismo, com o consumo de necessidade superando o consumo de luxo.

O poder aquisitivo das pessoas determina suas interações sociais, conferindo a um grupo específico o poder de compra e consumo, que se tornaram fontes principais de aceitação e pertencimento dentro desse grupo. No entanto, a percepção de aceitação baseada no potencial financeiro não está mais restrita a uma elite, pois o consumo tem facilitado a inclusão social de indivíduos de diversas camadas da sociedade.

No Antigo Egito, embora não se possa falar em uma legislação consumerista formal, havia uma preocupação com as relações de consumo, com normas que exigiam a qualidade e estética dos produtos para que estivessem de acordo com os costumes locais. Na mesma época, foram observados direitos e deveres relacionados à execução de produtos e serviços, como evidenciado no Código de Hamurabi, por exemplo, no artigo 229, que estabelece que:

> *"Se um pedreiro construiu uma casa para alguém, mas não a fortificou, e a casa desabou e matou o dono, esse pedreiro será morto"*

Ainda que a estrutura normativa carecesse de ponderações e tecnicidade, vê-se alguma importância atribuída ao fornecedor de um produto ou serviço pela atividade exercida. Em uma oportunidade mais moderna, surgiram os chamados "direitos de terceira geração", os quais serão melhor tratados no decorrer do trabalho, dentre os quais englobam o direito do consumidor como atribuição obrigatória aos países para regulamentá-lo, como também prevê o art.48 dos Atos de Disposições Constitucionais Transitórias (ADCT) era determinação a ser cumprida, a elaboração do Código de Defesa do Consumidor, em consonância ainda ao art.5°, XXXII CRFB.

Como muito bem expõe o tema, o professor Flávio Tartuce traz apontamentos históricos do desenvolvimento da perspectiva humanística das leis:

> "*Ademais, o conteúdo do Código Consumerista demonstra tratar-se de uma norma adaptada à realidade contemporânea, da pós-modernidade jurídica. A expressão pós-modernidade é utilizada para simbolizar o rompimento dos paradigmas construídos ao longo da modernidade, quebra ocorrida no final do século XX. Mais precisamente, parece correto dizer que o ano de 1968 é um bom parâmetro para se apontar o início desse período, diante de protestos e movimentos em prol da liberdade e de outros valores sociais que eclodiram em todo o*

> *mundo. Em tais reivindicações pode ser encontrada a origem das leis contemporâneas com a preocupação social, caso do Código Brasileiro de Defesa do Consumidor.*" Manual de Direito do Consumidor - edição. 2018 - pg. 3 e 4.

Dessa forma, a construção do CDC, enquanto norma jurídica e não social, se deu por uma revisitação aos conceitos do direito público e privado que, de sobremaneira, subjugaram a manifestação do indivíduo, usurpando seu poder e voz no âmbito das relações de consumo. Sendo assim, a típica norma pós-moderna, o CDC reviu conceitos antigos do direito privado, em especial das obrigações contratuais, responsabilidade civil e prescrições.

Sabe-se que à época da discussão acerca do Código Brasileiro de Defesa do Consumidor, a sociedade não era unânime quanto ao favoritismo da existência de uma norma específica para proteger as relações de consumo. Há registros de fornecedores e empresários da época afirmando que o comércio iria à falência, que não se poderia suportar a hipótese de cancelamento de compras realizadas fora do estabelecimento comercial ao bel prazer do consumidor, que os custos para produzir manuais de montagem, uso e preservação do bem iria impactar expressivamente os lucros, dentre outras histerias coletivas de alguns pertencentes à classe.

Portanto, em cumprimento à determinação constitucional, a criação do Código de Defesa do Consumidor se mostrou, na verdade, uma verdadeira concretização da dignificação da pessoa humana, valorizando indivíduo e considerando as dores individuais como relevantes o suficiente para se estruturar todo um ramo jurídico de atuação, proteção e defesa de um segmento social, o consumidor.

2. Fundamentos e Princípios Constitucionais

O processo de constitucionalização do Direito Civil e do Direito Processual Civil representa uma transformação paradigmática na compreensão e aplicação das normas jurídicas, especialmente no contexto do Direito do Consumidor. Esse movimento visa à incorporação dos valores e princípios constitucionais, com destaque para a dignidade da pessoa humana, em todas as esferas do ordenamento jurídico. Este tópico examina como esses princípios constitucionais, especialmente os que promovem a dignidade da pessoa humana, moldam o Direito do Consumidor.

O estudo dos princípios constitucionais aplicáveis ao Direito Civil e Processual Civil também abrange a atualização e aprimoramento desses fundamentos ao longo do tempo. A Constituição de 1988 trouxe inovações significativas na área do direito, modernizando e adaptando os princípios constitucionais às necessidades da sociedade contemporânea.

Compreender como essas mudanças ocorreram e suas consequências é fundamental para a correta aplicação do direito, garantindo que as decisões e ações estejam em conformidade com os princípios constitucionais em vigor.

Por fim, é fundamental ressaltar que a compreensão dos fundamentos e princípios constitucionais aplicáveis ao Direito Civil e Processual Civil transcende o âmbito puramente acadêmico e profissional. Esses conhecimentos também contribuem para a formação de cidadãos conscientes de seus direitos e deveres, preparados para participar ativamente da sociedade e contribuir para a construção de um país mais justo e equitativo. Portanto, o estudo minucioso e detalhado desses temas é um investimento não apenas na carreira jurídica, mas também no desenvolvimento pessoal e no fortalecimento da democracia.

2.1. Dignidade da Pessoa Humana (Art. 1º, III)

O princípio da dignidade da pessoa humana constitui o alicerce central do ordenamento jurídico brasileiro, sendo consagrado como um dos fundamentos primordiais da República Federativa do Brasil. Este princípio não apenas reconhece a importância intrínseca e inalienável de cada indivíduo, mas também impõe que todas as normas jurídicas e políticas públicas sejam orientadas primordialmente pela necessidade de proteção e promoção da dignidade humana.

No contexto jurídico, a dignidade da pessoa humana funciona como um vetor interpretativo fundamental que permeia todas as esferas do Direito. Sua aplicação transcende a mera normatividade, atuando como uma diretriz essencial para a criação, interpretação e aplicação das leis. Isso assegura que a dignidade humana seja respeitada e preservada em todas as relações jurídicas, servindo como um parâmetro indispensável para a conformação das normas e práticas jurídicas às exigências constitucionais.

Especificamente no âmbito do Direito Civil e do Direito Processual Civil, o princípio da dignidade da pessoa humana exerce uma influência decisiva. Ele orienta a interpretação das normas civis e processuais de maneira a garantir que todos os indivíduos sejam tratados com o devido respeito e consideração. Assim, este princípio não apenas reforça a proteção dos direitos individuais e coletivos, mas também promove uma justiça mais equitativa e humanizada nas relações privadas e nos procedimentos judiciais.

2.2. Princípio da Igualdade (Art. 5º, caput e I)

O princípio da igualdade, consagrado na Constituição Federal, estabelece que todos são iguais perante a lei, sem distinção de qualquer natureza. Este princípio fundamenta a ordem jurídica brasileira, assegurando que nenhum indivíduo seja submetido a tratamento diferenciado com base em características pessoais como raça, gênero, religião, orientação sexual ou qualquer outra condição. Tal previsão constitucional é um reflexo da evolução histórica e social que visa erradicar preconceitos e promover a justiça social.

Além de vedar expressamente qualquer forma de discriminação, o princípio da igualdade exige que as relações jurídicas sejam orientadas pela equidade e justiça. Na prática, isso significa que o legislador, o administrador e o julgador devem atuar de modo a garantir que todos os indivíduos, independentemente de suas diferenças, tenham acesso igualitário aos direitos e benefícios previstos na legislação. Esse princípio impõe um dever positivo ao Estado e aos operadores do direito, de assegurar que a igualdade seja efetivamente praticada em todas as esferas da vida pública e privada.

No contexto da constitucionalização do Direito Civil, o princípio da igualdade adquire uma relevância particular. Ele impõe a obrigação de tratar todos os indivíduos com equidade nas relações privadas, garantindo que as normas civis e processuais sejam aplicadas de maneira justa e imparcial.

A constitucionalização do Direito Civil implica que os valores e princípios constitucionais, como a igualdade, permeiem todas as áreas do direito privado, influenciando a interpretação e aplicação das normas de modo a proteger os direitos fundamentais de todos os cidadãos.

Essa obrigação de equidade se traduz na necessidade de revisitar e reinterpretar institutos tradicionais do Direito Civil à luz dos princípios constitucionais. A aplicação do princípio da igualdade exige um constante esforço de adaptação das normas jurídicas às realidades sociais e às demandas de justiça contemporâneas, promovendo uma sociedade mais justa e inclusiva.

Assim, a constitucionalização do Direito Civil, guiada pelo princípio da igualdade, visa não apenas a proteção formal dos direitos, mas a garantia material de que todos os indivíduos possam exercer plenamente seus direitos e liberdades.

2.3. Direitos Fundamentais (Art. 5º)

O artigo 5º da Constituição Federal do Brasil é um verdadeiro compêndio de direitos e garantias individuais, estabelecendo um vasto leque de proteções que formam o núcleo dos direitos fundamentais no ordenamento jurídico brasileiro. Entre estes direitos, destacam-se o direito à vida, à liberdade, à segurança e à propriedade, os quais são indispensáveis para a dignidade humana e a construção de uma sociedade justa e equitativa. Este conjunto de direitos não apenas define os limites da atuação estatal, mas também impõe obrigações positivas ao Estado e aos particulares, visando à promoção do bem-estar geral.

A incorporação desses direitos fundamentais no Direito Civil e no Direito Processual Civil é um reflexo direto da constitucionalização do ordenamento jurídico brasileiro. Esta incorporação implica que todas as normas civis e processuais devem ser interpretadas e aplicadas de acordo com os valores e princípios constitucionais, garantindo a proteção efetiva dos direitos fundamentais.

Este processo de constitucionalização visa assegurar que as relações privadas e os procedimentos judiciais estejam alinhados com os objetivos maiores de justiça social, igualdade e respeito à dignidade humana.

No âmbito do Direito Civil, a influência dos direitos fundamentais consagrados no artigo 5º da Constituição é particularmente significativa. A proteção da vida, liberdade, segurança e propriedade deve ser considerada em todas as relações jurídicas privadas, desde contratos e obrigações até direitos reais e sucessórios. A aplicação destes direitos no Direito Civil promove a justiça material, garantindo que as normas sejam aplicadas de forma a proteger efetivamente os interesses e direitos dos indivíduos, evitando abusos e violações.

Da mesma forma, no Direito Processual Civil, a observância dos direitos e garantias fundamentais é crucial para assegurar um processo justo e equitativo. Procedimentos judiciais devem ser conduzidos de maneira que respeitem a dignidade dos litigantes, proporcionando um acesso igualitário à justiça e uma proteção eficaz contra injustiças. A constitucionalização do Direito Processual Civil reforça o compromisso do sistema jurídico com a tutela dos direitos fundamentais, assegurando que os processos judiciais sejam meios eficazes de promoção da justiça e da proteção dos direitos individuais.

2.4. Defesa do Consumidor (Art. 5º, XXXII e Art. 170, V)

A Constituição Federal estabelece a defesa do consumidor como um dos princípios fundamentais da ordem econômica brasileira. Nos termos dos artigos 5º, XXXII, e 170, V, do texto constitucional, o Estado é incumbido de promover a proteção efetiva dos consumidores, garantindo que as relações de consumo sejam pautadas pela justiça, transparência e equidade. Este mandamento constitucional sublinha a necessidade premente de integrar a defesa do consumidor no âmbito do Direito Civil e Processual Civil, assegurando que os consumidores sejam devidamente protegidos e habilitados a buscar reparação diante de abusos ou práticas comerciais que contrariem seus direitos fundamentais.

A inclusão da defesa do consumidor como princípio orientador da ordem econômica reflete um compromisso constitucional com a proteção dos interesses dos consumidores. Este princípio não apenas orienta a legislação infraconstitucional, como o Código de Defesa do Consumidor, mas também informa a interpretação judicial das normas que regulam as relações de consumo. Desta forma, o Direito Civil e o Direito Processual Civil são permeados pela necessidade de assegurar que os consumidores sejam tratados de maneira justa e que possam exercer plenamente seus direitos perante fornecedores e prestadores de serviços.

Ademais, a defesa do consumidor como um princípio constitucional fortalece o papel do Judiciário na proteção dos consumidores. Tribunais são instados a aplicar este princípio de forma a coibir práticas abusivas e garantir a reparação de danos, contribuindo para um ambiente econômico mais equitativo e responsável. Assim, a integração deste princípio nos campos do Direito Civil e Processual Civil não apenas reforça a proteção dos consumidores, mas também consolida o compromisso do Estado brasileiro com a promoção de relações de consumo justas e harmoniosas.

A Constituição Federal impôs a criação do Código de Defesa do Consumidor, um marco legislativo que consolidou os direitos fundamentais do consumidor. O CDC não apenas estabelece normas específicas para a proteção do consumidor, mas também integra os princípios constitucionais de dignidade, igualdade e justiça, proporcionando uma base legal sólida para a defesa dos direitos dos consumidores.

Os tribunais brasileiros desempenham um papel crucial na interpretação e aplicação das normas do CDC, utilizando os princípios constitucionais como norteadores em suas decisões. A jurisprudência tem continuamente reforçado a

aplicação dos direitos fundamentais nas relações de consumo, garantindo que os princípios de dignidade, igualdade e proteção ao consumidor sejam efetivamente observados e aplicados nas decisões judiciais.

A transparência e a boa-fé são exigências constitucionais que se refletem diretamente nas normas que regulam as práticas comerciais e a publicidade. A defesa do consumidor exige que as informações fornecidas sejam claras e precisas, e que as práticas comerciais sejam conduzidas de maneira honesta e justa. A Constituição, portanto, influencia diretamente a regulamentação dessas práticas, assegurando que os consumidores estejam protegidos contra fraudes e abusos.

A constitucionalização do Direito Civil e do Direito Processual Civil, especialmente no âmbito do Direito do Consumidor, é um processo essencial para garantir que o ordenamento jurídico brasileiro esteja alinhado com os princípios e valores estabelecidos na Constituição Federal. Este alinhamento não só promove a proteção dos direitos fundamentais dos cidadãos, mas também contribui para a construção de uma sociedade mais justa, equitativa e respeitosa dos direitos de todos os indivíduos.

3. Impactos da Constitucionalização no Direito Civil e Processual Civil nas relações privadas

A constitucionalização do Direito Civil e do Direito Processual Civil, representa uma transformação profunda nas relações privadas, refletindo a permeabilidade da Constituição no ordenamento infraconstitucional. Esta integração impõe novos paradigmas, introduzindo uma reinterpretação das normas e institutos civis à luz dos princípios constitucionais, como dignidade da pessoa humana, igualdade, liberdade, solidariedade, proporcionalidade e razoabilidade.

A complexidade dessa relação se revela na tensão entre a autonomia privada, tradicionalmente alicerçada no Direito Civil clássico, e os valores constitucionais que permeiam as relações jurídicas, sobretudo após a ascensão do neoconstitucionalismo.

O processo de constitucionalização não é exclusivo da realidade jurídica brasileira, embora ganhe especial contorno no Brasil com a Constituição de 1988. Essa mudança é influenciada por teorias advindas do constitucionalismo europeu, sobretudo após a Segunda Guerra Mundial, quando o foco no fortalecimento dos direitos fundamentais trouxe consigo a ideia de que a Constituição deveria ocupar um papel central na organização do Estado e na regulação das relações privadas.

No Brasil, a Constituição de 1988 fortaleceu esse movimento, conferindo status de norma superior à Constituição, com incidência direta sobre os diversos ramos do Direito, incluindo o Civil e o Processual Civil. Este movimento reflete, em sua essência, a crescente força normativa da Constituição, que passa a ser entendida como um conjunto de normas com eficácia direta e imediata, influenciando, por conseguinte, a interpretação e aplicação do Direito Civil. Desse modo, institui-se uma hermenêutica constitucional que redefine institutos fundamentais, como contratos, propriedade e família, sob a ótica dos princípios constitucionais.

A partir da constitucionalização, a tradicional distinção entre Direito Público e Direito Privado foi mitigada, já que a Constituição, como norma superior, orienta tanto as relações entre o Estado e os indivíduos quanto as relações entre particulares. Assim, não mais se pode falar em uma autonomia privada absoluta, pois o conteúdo dos direitos fundamentais e dos princípios constitucionais impõe limitações e obrigações nas relações privadas.

A autonomia privada, um dos pilares do Direito Civil clássico, passa por uma releitura à luz dos direitos fundamentais. A liberdade de contratar, por exemplo, embora continue a ser um princípio basilar das relações contratuais, encontra limites quando confrontada com a dignidade da pessoa humana ou com a função social dos contratos, ambos princípios constitucionais. Um exemplo claro dessa influência pode ser visto na chamada "teoria da revisão contratual", onde o princípio da função social do contrato e a busca pelo equilíbrio contratual tornam-se elementos de ponderação para superar cláusulas consideradas abusivas ou desproporcionais.

O princípio da boa-fé objetiva, embora tradicionalmente oriundo do Direito Civil, também ganha nova dimensão com a constitucionalização, sendo agora visto como uma decorrência direta do princípio da dignidade da pessoa humana. A boa-fé é instrumentalizada não apenas como um limite à autonomia privada, mas como um princípio que exige das partes uma postura de colaboração, lealdade e transparência.

O Direito de Família é um dos ramos do Direito Civil que mais sente os efeitos da constitucionalização. A Constituição de 1988, ao consagrar o princípio da dignidade da pessoa humana e a igualdade entre homens e mulheres, desencadeou uma transformação radical na forma como as relações familiares são vistas pelo Direito

Civil. A ideia de uma família patriarcal e hierarquizada, defendida pelo Código Civil de 1916, foi progressivamente substituída por um modelo de família plural, onde se reconhecem diferentes formas de constituição familiar (uniões estáveis, homoafetivas, monoparentais), todas elas tuteladas pelo ordenamento jurídico.

Neste sentido, o Direito Civil deve ser interpretado e aplicado à luz das garantias constitucionais, de modo a conferir proteção às novas conformações familiares, reconhecendo direitos que, até então, não possuíam guarida no direito infraconstitucional. Esse movimento de abertura dos institutos familiares à Constituição reflete a aplicação direta do princípio da dignidade humana, no sentido de garantir a autonomia individual e a afetividade como fundamentos das relações familiares.

O Direito Processual Civil também é diretamente impactado pela constitucionalização, principalmente no que tange à busca por um processo justo e efetivo, como garantido pelo devido processo legal. A Constituição impõe ao processo civil a observância de princípios como o contraditório, a ampla defesa, a isonomia e a duração razoável do processo, que não são apenas regras de procedimento, mas verdadeiros direitos fundamentais que orientam o desenvolvimento de toda e qualquer relação processual.

A constitucionalização do processo civil introduziu uma reinterpretação dos direitos processuais. O acesso à justiça, previsto no artigo 5º, XXXV, da Constituição Federal, ganha destaque, e o processo é visto como instrumento para garantir a efetivação dos direitos materiais. A duração razoável do processo, um dos elementos do devido processo legal, passa a ser um direito fundamental a ser respeitado, garantindo que as partes obtenham uma resposta judicial em tempo hábil e justo, sem prolongamentos indevidos.

Essa reconfiguração permite ao juiz uma atuação mais proativa, inclusive na interpretação das normas processuais de modo a garantir a observância dos direitos fundamentais das partes. O princípio do contraditório, por exemplo, ganha uma nova conotação, deixando de ser apenas uma formalidade para se tornar um verdadeiro direito de influência e participação no processo.

Com a constitucionalização do processo, o controle judicial das decisões processuais também ganha relevo, sobretudo no que tange à aplicação dos princípios da proporcionalidade e da razoabilidade. O juiz, ao decidir uma questão processual, deve observar se sua decisão respeita os limites constitucionais e se está em consonância com os direitos fundamentais das partes envolvidas.

Assim, o controle de constitucionalidade passa a permear não apenas o direito material, mas também o direito processual, assegurando que as garantias processuais sejam efetivamente observadas. Embora a constitucionalização tenha trazido significativos avanços no campo das relações privadas e processuais, alguns desafios permanecem.

A aplicação direta dos princípios constitucionais em relações privadas pode gerar insegurança jurídica, especialmente quando há incerteza sobre a preponderância de um princípio constitucional sobre outro. Além disso, a multiplicidade de interpretações possíveis pode, por vezes, levar a decisões divergentes e à fragmentação jurisprudencial.

Outro desafio relevante é a necessidade de um constante diálogo entre o legislador e o judiciário. Se, por um lado, a constitucionalização exige uma atuação mais ativa do juiz, por outro, essa atuação deve ser pautada pela observância dos limites legais e pela não interferência indevida na autonomia privada. O equilíbrio entre a proteção dos direitos fundamentais e a autonomia das partes nas relações privadas é um dos grandes desafios do direito contemporâneo.

A constitucionalização do Direito Civil e do Processo Civil tem o mérito de garantir uma maior proteção aos direitos fundamentais nas relações privadas, redefinindo antigos conceitos e adaptando-os à realidade constitucional contemporânea. A tensão entre autonomia privada e direitos fundamentais impõe aos operadores do direito o desafio de encontrar soluções que garantam a efetividade dos princípios constitucionais sem aniquilar a liberdade individual nas relações privadas. A busca por esse equilíbrio continuará a ser um dos principais desafios do direito no século XXI, em um contexto de crescente interdependência entre o Direito Civil, o Direito Processual e a Constituição.

Capítulo II - O Direito do Consumidor como Instrumento de Proteção da Dignidade da Pessoa Humana

4. Fundamentos do Direito do Consumidor

O direito do consumidor, enquanto ramo autônomo do ordenamento jurídico, revela-se como um instrumento imprescindível não apenas para a regulação das relações de consumo, mas também para a tutela da dignidade da pessoa humana. Fundamentado em princípios constitucionais e infraconstitucionais, o direito do consumidor visa assegurar o equilíbrio nas relações entre consumidores e fornecedores, mitigando a vulnerabilidade estrutural dos primeiros em face do poderio econômico e informacional dos últimos.

Assim, o direito do consumidor configura-se como um mecanismo de preservação da autonomia privada e do bem-estar dos indivíduos, promovendo justiça social e igualdade substancial. Este ramo do direito é, portanto, um pilar fundamental na consolidação de uma sociedade que valoriza a equidade, a transparência e o respeito pelos direitos humanos.

A proteção da parte vulnerável constitui um dos pilares do direito do consumidor, consagrada pela Constituição Federal de 1988 e detalhada pelo Código de Defesa do Consumidor (CDC). A vulnerabilidade do consumidor pode ser categorizada em diversas dimensões: técnica, jurídica, informacional e econômica. Tais categorias evidenciam a assimetria inerente às relações de consumo, nas quais o consumidor, em regra, encontra-se em posição desvantajosa, seja pela ausência de conhecimento técnico especializado, pela deficiência no acesso à informação ou pela disparidade de poder econômico.

Dessa forma, o CDC estabelece um regime jurídico protetivo destinado a corrigir essas desigualdades, impondo aos fornecedores deveres de transparência, lealdade e prestação de informações adequadas e claras. A importância desse regime jurídico é refletida na necessidade de reduzir as práticas abusivas que historicamente marcaram as relações de consumo e que, em muitos casos, resultaram em violações aos direitos fundamentais dos consumidores.

A proteção da vulnerabilidade do consumidor abrange não apenas aspectos patrimoniais, mas também a defesa de direitos que são considerados essenciais para a dignidade da pessoa humana, como o direito à saúde, à segurança e à informação. A atuação estatal, através de órgãos de fiscalização e da criação de normas de proteção ao consumidor, busca, portanto, promover um ambiente de consumo mais equilibrado e justo, em que os interesses do consumidor sejam devidamente resguardados.

Além disso, a criação de políticas públicas voltadas à educação e conscientização do consumidor é um componente fundamental para a promoção da autonomia e do empoderamento dos indivíduos no mercado de consumo.

Outro fundamento de relevo do direito do consumidor é o princípio da boa-fé objetiva, que permeia todas as relações contratuais de consumo. A boa-fé objetiva impõe às partes, especialmente ao fornecedor, um dever de conduta pautado pela ética, cooperação e transparência em todas as fases da relação de consumo. Este princípio visa, primordialmente, prevenir práticas abusivas e consolidar a confiança nas relações de mercado, sendo um elemento crucial para assegurar a dignidade do consumidor.

Não obstante, também opera como uma norma de conduta que, além de coibir a exploração indevida da vulnerabilidade do consumidor, promove uma relação de consumo mais justa e equitativa. A ausência de boa-fé, caracterizada por práticas enganosas, omissões e manipulação, não apenas lesiona o consumidor, mas também prejudica a integridade e a confiança no próprio mercado, afetando negativamente a economia como um todo. Assim, a boa-fé objetiva, portanto, não se limita a uma exigência de caráter ético, mas possui um papel instrumental na prevenção de litígios e na promoção da paz social.

Ao estabelecer uma conduta pautada pela cooperação, a boa-fé objetiva visa criar um ambiente no qual consumidores e fornecedores possam interagir de maneira mais harmoniosa, reduzindo a possibilidade de conflitos e promovendo uma maior eficiência nas relações econômicas. Ademais, a aplicação do princípio da boa-fé objetiva também implica uma responsabilidade positiva dos fornecedores em relação à proteção do consumidor, exigindo não apenas o cumprimento formal dos contratos, mas também a consideração dos efeitos de suas práticas comerciais sobre os consumidores.

O princípio da transparência, igualmente essencial, impõe ao fornecedor o dever de prestar informações claras, precisas e ostensivas acerca dos produtos e serviços ofertados. A informação adequada é um requisito sine qua non para a formação da vontade livre e esclarecida do consumidor, garantindo-lhe a capacidade de tomar decisões conscientes e refletidas. A omissão ou deficiência na prestação de informações gera um desequilíbrio na relação de consumo e lesa os direitos do consumidor, comprometendo sua autonomia privada.
Nesse sentido, a transparência também se revela como um instrumento de emancipação do consumidor, promovendo uma maior equidade nas relações de consumo.

O direito à informação não se resume ao fornecimento de dados técnicos sobre produtos e serviços, mas envolve também a comunicação acessível e compreensível que permita ao consumidor entender plenamente as implicações de sua escolha.

A importância da transparência vai além da simples disponibilização de informações. Ela é um elemento de accountability nas relações de consumo, garantindo que os fornecedores sejam responsáveis por suas práticas e pelos produtos e serviços oferecidos. Dessa forma, o princípio da transparência funciona como uma ferramenta de controle social sobre as práticas empresariais, promovendo um mercado mais justo e ético. A deficiência na prestação de informações pode resultar em danos significativos ao consumidor, desde prejuízos financeiros até riscos à saúde e à segurança, o que reforça a necessidade de um cumprimento rigoroso deste princípio por parte dos fornecedores.

A dignidade da pessoa humana, enquanto fundamento maior do ordenamento jurídico brasileiro, encontra no direito do consumidor um meio privilegiado de concretização. A proteção conferida ao consumidor visa assegurar condições mínimas de respeito à sua dignidade, prevenindo situações de abuso, exploração ou manipulação. Assim, o direito do consumidor não se limita à tutela patrimonial, mas se estende à garantia dos direitos fundamentais, promovendo a segurança, a qualidade dos produtos e serviços, bem como a prevenção e reparação de danos, contribuindo para a efetivação dos direitos fundamentais.

A garantia da dignidade do consumidor está associada não apenas à proteção contra práticas abusivas, mas também ao reconhecimento de sua condição de sujeito de direitos, que deve ser tratado de forma justa e equitativa no mercado. Nesse sentido, o direito do consumidor assume uma função emancipatória, promovendo a cidadania e a inclusão social.

O consumo é uma atividade cotidiana e, muitas vezes, uma necessidade básica para a sobrevivência e o bem-estar dos indivíduos. Portanto, a proteção do consumidor é essencial para garantir que todos tenham acesso a bens e serviços de qualidade, sem serem submetidos a práticas que possam comprometer sua integridade física, psicológica ou econômica.

A tutela da dignidade da pessoa humana no contexto das relações de consumo também envolve a promoção do consumo sustentável e consciente, que leva em consideração os impactos sociais e ambientais das escolhas de consumo, garantindo que os direitos das gerações futuras sejam igualmente respeitados.

O princípio da harmonia das relações de consumo é outro fundamento central do direito consumerista. Esse princípio busca equilibrar os interesses dos consumidores e dos fornecedores, de modo a garantir que ambos sejam respeitados e que o mercado opere de maneira justa e ética. A harmonização dessas relações é crucial para a promoção de um ambiente econômico saudável, no qual o consumidor possa exercer suas escolhas de forma livre e consciente, enquanto o fornecedor oferta seus produtos e serviços de maneira lícita e transparente.

A busca pela harmonia nas relações de consumo visa, portanto, a construção de um mercado que respeite os direitos de ambas as partes, promovendo o desenvolvimento econômico em conformidade com a justiça social. A promoção da harmonia nas relações de consumo também envolve o estabelecimento de mecanismos de mediação e conciliação que possam resolver os conflitos de maneira célere e eficiente, evitando o desgaste das partes envolvidas e a sobrecarga do sistema judiciário.

Esses mecanismos visam restaurar o equilíbrio nas relações de consumo, permitindo que as partes possam encontrar soluções que sejam satisfatórias para ambos os lados. Além disso, a harmonia nas relações de consumo reflete um compromisso com o desenvolvimento econômico sustentável, no qual o respeito pelos direitos dos consumidores é visto como um fator essencial para a estabilidade e o crescimento do mercado.

A responsabilidade do fornecedor, especialmente no que concerne à responsabilidade objetiva, é um dos alicerces fundamentais do direito do consumidor. Esse fundamento visa assegurar a reparabilidade dos danos causados ao consumidor em decorrência de produtos ou serviços defeituosos ou inseguros.

Desta feita, impõe-se ao fornecedor constituir uma garantia e, portanto, gera segurança jurídica, ao assegurar que o consumidor, ao adquirir um produto ou serviço, seja protegido contra riscos que possam comprometer sua saúde, segurança ou patrimônio. Tal mecanismo, essencial para a proteção da dignidade do consumidor, transfere um dever de cautela ao fornecedor, responsabilizando-o pelos riscos inerentes à sua atividade econômica e garantindo a reparação dos danos causados.

A responsabilidade objetiva do fornecedor tem como finalidade não apenas a reparação dos danos causados, mas também a prevenção de danos futuros, funcionando como um incentivo para que os fornecedores adotem práticas seguras e responsáveis em todas as etapas de produção e comercialização de seus produtos e serviços.

A lógica da responsabilidade objetiva está vinculada ao fato de que o fornecedor, sendo o detentor do controle sobre o processo produtivo e sobre a informação técnica do produto ou serviço, está em melhores condições de prevenir riscos e assegurar a qualidade e segurança do que oferece ao consumidor. Dessa forma, o regime de responsabilidade objetiva contribui para a criação de um ambiente de consumo mais seguro e confiável.

Dessa forma, os fundamentos do direito do consumidor revelam um conjunto de princípios e normas voltados à proteção da dignidade da pessoa humana, mitigando as desigualdades presentes nas relações de consumo e assegurando que o indivíduo possa exercer plenamente sua autonomia, livre de abusos e explorações.

Em um contexto de constante evolução dos mercados e de crescente complexidade das relações de consumo, o direito do consumidor surge como um instrumento essencial para assegurar o respeito à dignidade humana e aos direitos fundamentais, promovendo justiça social e bem-estar coletivo. Além disso, o fortalecimento das instituições de defesa do consumidor, a promoção de políticas públicas inclusivas e a educação para o consumo consciente são elementos indispensáveis para a construção de um sistema de proteção ao consumidor robusto e eficaz, que seja capaz de responder aos desafios contemporâneos e garantir a efetiva proteção dos direitos dos cidadãos no mercado de consumo.

5. Instrumentos Jurídicos de Proteção do Consumidor

A constitucionalização do Direito Civil e do Direito Processual Civil reflete uma profunda transformação na interpretação e proteção dos direitos individuais e coletivos, particularmente no âmbito das relações de consumo. Nesse sentido, Fábio Ulhoa Coelho afirma que:

> *"a boa-fé objetiva atua como limitadora do poder econômico do fornecedor e impõe um padrão ético nas práticas comerciais, essencial*

> *para a tutela do consumidor*" (COELHO, 2018, p. 73).

No contexto jurídico brasileiro, o princípio da dignidade da pessoa humana emerge como um vetor central para a interpretação dos institutos do Direito do Consumidor, garantindo ao indivíduo a efetivação de seus direitos fundamentais na sociedade de consumo contemporânea. Os instrumentos jurídicos de proteção ao consumidor, assim, tornam-se indispensáveis para assegurar a concretização da igualdade material e da justiça social, especialmente para resguardar a parte vulnerável nas relações contratuais, que frequentemente se encontra em posição de desvantagem estrutural e informacional em face dos fornecedores.

A proteção ao consumidor é prevista na Constituição Federal de 1988 e reafirmada como um direito fundamental, explicitada no art. 5º, XXXII, e configurando-se como um dos pilares da ordem econômica, conforme o art. 170, V. Ao incluir a defesa do consumidor como direito e princípio constitucional, o legislador constituinte visou corrigir o desequilíbrio inerente às relações de consumo, marcadas pela assimetria entre consumidores e fornecedores.

O Código de Defesa do Consumidor, instituído pela Lei 8.078/1990, surge, nesse cenário, como o principal instrumento para a tutela dos direitos dos consumidores, assegurando a dignidade nas relações contratuais e o respeito à boa-fé objetiva e à vulnerabilidade das partes, que são fundamentais para um ambiente de consumo mais justo e equitativo.

O CDC representa uma mudança de paradigma significativa ao estabelecer normas que buscam não apenas proteger, mas também educar e orientar os consumidores sobre seus direitos e deveres. Essa abordagem visa promover um mercado mais equilibrado, em que as práticas abusivas sejam reprimidas e a boa-fé seja um elemento intrínseco nas relações de consumo.

Os instrumentos jurídicos de proteção do consumidor incluem mecanismos materiais e processuais que asseguram a efetividade das normas. Entre os direitos básicos do consumidor previstos no art. 6º do CDC, destacam-se a proteção da vida, saúde e segurança, a educação para o consumo consciente, o direito à informação clara e adequada sobre produtos e serviços, bem como a reparação de danos patrimoniais e morais.

Esses direitos são amparados por uma perspectiva constitucional que visa preservar não apenas o aspecto econômico das relações de consumo, mas principalmente a dignidade do consumidor enquanto sujeito de direitos. Conforme leciona Cláudia Lima Marques,

> "*O Código de Defesa do Consumidor é um dos maiores avanços da cidadania no Brasil, pois coloca o consumidor como sujeito de direitos fundamentais, cuja dignidade deve ser assegurada em todas as relações de consumo*" (MARQUES, 2015, p. 45).

A proteção à vida, saúde e segurança do consumidor constitui um dos principais pilares do CDC, impondo aos fornecedores o dever de evitar riscos desnecessários ou previsíveis. Tal obrigação visa garantir padrões de qualidade e segurança que respeitem a dignidade humana, considerando a vulnerabilidade técnica dos consumidores na avaliação de riscos. O direito à informação clara e adequada sobre produtos e serviços também se destaca como essencial, visto que a assimetria informacional é uma das principais fontes de desequilíbrio nas relações de consumo. A ausência de informações precisas e compreensíveis leva o consumidor a decisões equivocadas, muitas vezes prejudiciais à sua segurança e ao seu patrimônio, comprometendo sua liberdade de escolha.

No campo processual, a constitucionalização do Direito Processual Civil abriu espaço para novos paradigmas na efetivação dos direitos dos consumidores. A tutela coletiva dos direitos difusos e coletivos, por exemplo, tornou-se fundamental para garantir o acesso à justiça de maneira ampla e eficaz, mitigando a desigualdade estrutural entre consumidores e fornecedores.

A Ação Civil Pública e a Ação Coletiva, bem como a legitimidade ativa do Ministério Público, das associações civis e de outros órgãos de defesa do consumidor, são instrumentos imprescindíveis para a proteção efetiva dos consumidores. Esses legitimados têm a capacidade de defender interesses que, isoladamente, poderiam não justificar o acionamento judicial, mas que, coletivamente, ganham relevância e impactam expressivamente a sociedade de consumo.

Ademais, a inversão do ônus da prova, prevista no art. 6º, VIII, do CDC, configura um importante mecanismo processual para equilibrar as desigualdades típicas das relações de consumo. O consumidor, muitas vezes em desvantagem técnica e econômica, encontra dificuldades para produzir provas em juízo.

A inversão do ônus da prova impõe ao fornecedor o dever de demonstrar a inexistência de defeitos nos produtos ou serviços, contribuindo para a materialização dos direitos do consumidor e facilitando o acesso à justiça. Este instrumento é crucial para evitar que o consumidor seja prejudicado em razão de sua hipossuficiência e para assegurar uma proteção mais efetiva e justa.

Do ponto de vista histórico e jurisprudencial, o Tribunal de Justiça do Estado de Rondônia tem desempenhado um papel relevante na consolidação da proteção ao consumidor. Em diversas decisões, a corte rondoniense reafirmou a necessidade de interpretar as normas do CDC à luz dos princípios constitucionais, como a dignidade da pessoa humana, a boa-fé objetiva e a função social dos contratos. A postura jurisprudencial adotada pelo Tribunal demonstra uma clara preocupação com a criação de um sistema protetivo ao consumidor que não apenas assegure direitos formais, mas também garanta sua aplicação prática e efetiva, visando prevenir abusos e promover a justiça social.

A jurisprudência do Tribunal de Justiça de Rondônia é rica em precedentes que elevam a proteção do consumidor a princípio norteador das decisões judiciais, reconhecendo a hipossuficiência dos consumidores e a necessidade de intervenção judicial para reequilibrar as relações contratuais. Em decisões recentes, o Tribunal aplicou a teoria do desvio produtivo do consumidor, que reconhece o dano decorrente do tempo desperdiçado na tentativa de resolver problemas causados pelo fornecedor.

Essa teoria evidencia o compromisso da corte com a proteção integral do consumidor e com a garantia de sua dignidade, reconhecendo que o tempo perdido pelo consumidor, ao lidar com falhas no cumprimento contratual, configura um dano passível de reparação. A aplicação da teoria do desvio produtivo pela jurisprudência representa um avanço significativo na tutela dos direitos dos consumidores, conferindo maior eficácia à proteção consumerista.

Outro aspecto relevante na jurisprudência do Tribunal de Justiça de Rondônia é a aplicação da boa-fé objetiva como princípio orientador das relações de consumo. A boa-fé objetiva impõe às partes deveres de conduta, como cooperação, informação e lealdade, que devem ser observados durante toda a relação contratual.

Quando o fornecedor atua em desacordo com esses deveres, resta caracterizada a abusividade, e o Poder Judiciário tem agido de forma incisiva para reprimir tais práticas, assegurando ao consumidor o respeito à sua dignidade e a proteção contra abusos. Essa atuação reforça a necessidade de que as relações de consumo sejam regidas por princípios éticos, garantindo maior equilíbrio e transparência.

Além disso, a proteção do consumidor em Rondônia tem sido fortalecida pela atuação de órgãos administrativos, como o Procon, que desempenham um papel crucial na fiscalização das práticas de consumo e na aplicação de sanções aos fornecedores que descumprem as normas do CDC. A articulação entre a esfera administrativa e a judicial é essencial para a efetivação dos direitos dos consumidores, promovendo uma atuação coordenada que visa prevenir abusos, educar fornecedores e consumidores, e garantir a reparação dos danos causados.

Essa integração é fundamental para assegurar que os direitos dos consumidores sejam efetivamente protegidos, desde a fase preventiva até a repressiva.

Por fim, é imperativo destacar que os instrumentos jurídicos de proteção ao consumidor, no contexto da constitucionalização do Direito Civil e do Direito

Processual Civil, representam um avanço significativo para a promoção da justiça social e a efetivação dos direitos fundamentais. A integração dos princípios constitucionais ao Direito do Consumidor permite que as normas infraconstitucionais sejam interpretadas de maneira a promover a dignidade da pessoa humana e a proteção dos vulneráveis, em consonância com os objetivos fundamentais da República Federativa do Brasil. Essa abordagem integrativa possibilita uma interpretação mais abrangente e protetiva dos direitos dos consumidores, que passam a ser vistos não apenas como partes contratantes, mas como sujeitos de direitos fundamentais cuja proteção interessa a toda a sociedade.

Dessa forma, os instrumentos jurídicos de proteção ao consumidor devem ser concebidos como parte de um sistema mais amplo de tutela dos direitos fundamentais, cujas bases são estabelecidas por uma interpretação sistemática e harmônica entre a Constituição Federal, o CDC e a jurisprudência consolidada. Nesse contexto, a atuação do Tribunal de Justiça do Estado de Rondônia é essencial para a consolidação de um Direito do Consumidor que não apenas reconheça direitos em abstrato, mas também assegure sua efetividade prática, respeitando sempre a dignidade da pessoa humana e promovendo a justiça social em todas as suas dimensões. A evolução da jurisprudência consumerista em Rondônia, aliada ao fortalecimento dos instrumentos processuais e à atuação administrativa eficiente, demonstra um compromisso constante com a proteção dos consumidores e a promoção de um mercado mais justo e equilibrado, onde a dignidade da pessoa humana seja um valor inegociável e efetivamente garantido.

5.1. Microssistema jurídico

O Código de Defesa do Consumidor, representa um marco paradigmático no direito brasileiro, consolidando-se como um instrumento essencial para a proteção dos consumidores e a harmonização dos interesses nas relações de consumo. O CDC é qualificado como um microssistema jurídico, ou seja, um conjunto normativo específico que se articula com diversas áreas do direito, formando uma rede de proteção destinada à justiça e à equidade.

A vulnerabilidade do consumidor, reconhecida expressamente pelo CDC, impõe a necessidade de criação de mecanismos que garantam sua proteção efetiva contra as práticas de mercado e os agentes econômicos que dispõem de maior poder de barganha. Nas palavras do Professor e coordenador do curso de Direito do Centro Universitário Jorge Amado (Salvador-BA) Luís Carlos Lourenço acerca do tema:

> "*O CDC é um microssistema jurídico e, como tal, abarca regras de direito material, penal,*

administrativo e processual; e como norma cogente e indisponível impôs ao fornecedor uma série de condutas que ele deve se abster de praticar sob pena de configurar prática abusiva, estas relacionadas no art. 39 de modo exemplificativo. Uma vez infringidas, o fornecedor poderá responder nos termos da lei."

O microssistema do Código de Defesa do Consumidor é constituído por um conjunto de normas e princípios interligados que visam proteger o consumidor e equilibrar as relações de consumo. Diferentemente de um sistema jurídico mais amplo, um microssistema visa regulamentar relações jurídicas específicas, como as relações entre consumidores e fornecedores de bens e serviços. A natureza interdisciplinar do CDC o torna permeável a outras áreas do direito, como o Direito Civil, Penal, Administrativo e Constitucional, criando uma rede normativa voltada à proteção consumerista.

A caracterização do CDC como microssistema decorre de sua capacidade de interagir com outras legislações, mantendo a autonomia de seus dispositivos. Ele dialoga com o Código Civil, a Lei Geral de Proteção de Dados

(LGPD), a Lei do Superendividamento (Lei nº 14.181/2021), entre outros diplomas normativos que ampliam a proteção e a tutela do consumidor em diferentes contextos. A complexidade das relações de consumo contemporâneas exige essa integração normativa, de modo a garantir uma proteção mais efetiva e abrangente.

Os princípios que orientam o CDC são fundamentais para a compreensão do microssistema. Entre eles, destacam-se o princípio da vulnerabilidade do consumidor, o princípio da boa-fé objetiva, o princípio da transparência e o princípio da harmonização dos interesses. Esses princípios orientam não apenas a interpretação das normas, mas também a atuação dos agentes econômicos, garantindo que as relações de consumo se desenvolvam de forma justa e equilibrada. Os princípios que regem o microssistema do CDC são essenciais para a compreensão de sua função social e jurídica.

O princípio da vulnerabilidade do consumidor reconhece que o consumidor é a parte mais frágil na relação de consumo, tanto do ponto de vista técnico quanto econômico. Dessa forma, o CDC busca equilibrar essa relação, impondo aos fornecedores deveres acrescidos de informação e transparência, além de limitar práticas abusivas que possam prejudicar o consumidor.

Outro princípio fundamental é o princípio da boa-fé objetiva, que deve permear todas as fases da relação de consumo, desde a negociação até a execução do contrato. Esse princípio impõe que ambas as partes atuem com lealdade, cooperação e respeito, evitando comportamentos oportunistas que possam comprometer o equilíbrio da relação.

O princípio da transparência é igualmente essencial, exigindo que as informações fornecidas ao consumidor sejam claras, precisas e adequadas, permitindo-lhe tomar decisões informadas e conscientes. Já o princípio da harmonização dos interesses visa equilibrar os interesses dos consumidores e dos fornecedores, assegurando que as relações de consumo se desenvolvam de forma justa e responsável, promovendo um mercado sustentável e ético.

O microssistema do CDC não atua de forma isolada; ele é caracterizado pela sua interação com diversas outras normas que compõem o ordenamento jurídico brasileiro, criando um sistema aberto e dinâmico. A integração com o Código Civil, por exemplo, é fundamental para a compreensão dos contratos de consumo e para a aplicação de regras complementares que assegurem a proteção do consumidor. Outro exemplo significativo de integração é a relação entre o CDC e a Lei Geral de Proteção de Dados (LGPD).

A LGPD visa proteger os dados pessoais dos consumidores, assegurando a privacidade e a transparência no tratamento de tais informações. Essa interação é crucial no cenário contemporâneo, em que o uso massivo de dados e a digitalização das relações de consumo impõem desafios adicionais à proteção dos direitos consumeristas.

A Lei do Superendividamento também faz parte do microssistema do CDC, impondo obrigações aos fornecedores no que tange à concessão de crédito e criando mecanismos de prevenção e tratamento do superendividamento. Essa lei estabelece diretrizes para garantir que os consumidores possam renegociar suas dívidas sem comprometer sua subsistência e dignidade, reforçando o caráter protetivo do CDC. A interdisciplinaridade do microssistema do CDC reflete sua relevância para a promoção de um consumo responsável e sustentável, garantindo que a proteção ao consumidor esteja em sintonia com as transformações econômicas e tecnológicas contemporâneas.

A efetividade do microssistema do CDC depende de uma estrutura institucional robusta, que inclui órgãos de defesa do consumidor, como os Procons, o Ministério Público e o Poder Judiciário. Esses órgãos desempenham funções essenciais para a implementação das normas do CDC e a proteção dos consumidores contra práticas abusivas. Os Procons são órgãos administrativos cuja atuação envolve a mediação de conflitos e a aplicação de sanções administrativas a fornecedores que violam os direitos dos consumidores. Sua função é essencial na prevenção de abusos e na educação dos consumidores sobre seus direitos. Ademais, os Procons realizam fiscalizações e promovem campanhas educativas para conscientizar a população sobre o consumo responsável.

O Ministério Público atua como defensor dos interesses difusos e coletivos dos consumidores, podendo instaurar inquéritos civis e propor ações civis públicas contra práticas que lesem os direitos dos consumidores. Sua atuação contribui para a proteção coletiva e para a responsabilização dos agentes econômicos que desrespeitam as normas consumeristas.

O Poder Judiciário desempenha um papel central na efetivação dos direitos previstos no CDC. A existência dos Juizados Especiais Cíveis, criados para garantir o acesso à justiça de maneira célere e desburocratizada, permite que os consumidores busquem a tutela de seus direitos de forma menos onerosa. Ademais, o Judiciário, ao interpretar e aplicar as normas do CDC, contribui para a formação de precedentes que orientam o comportamento dos agentes de mercado, garantindo maior segurança jurídica.

O microssistema do CDC enfrenta desafios significativos diante das mudanças sociais e tecnológicas que transformam as relações de consumo. A digitalização das transações comerciais trouxe novas questões que precisam ser

abordadas pelo CDC, como a proteção dos dados pessoais dos consumidores, a regulação das práticas comerciais em plataformas digitais e a garantia de transparência no uso de algoritmos que influenciam o comportamento dos consumidores.

A LGPD surge como um importante complemento ao CDC, reforçando o direito à privacidade dos consumidores e a transparência no tratamento de seus dados. A interação entre o CDC e a LGPD torna-se fundamental para garantir que os consumidores tenham controle sobre suas informações e que estas sejam utilizadas de forma ética e segura.

Outro desafio relevante é a harmonização das normas de proteção ao consumidor no contexto de um mercado globalizado. O Brasil precisa alinhar suas legislações às melhores práticas internacionais para assegurar que os consumidores brasileiros tenham direitos equivalentes aos dos consumidores de outras jurisdições. A cooperação internacional e a troca de experiências entre diferentes países são fundamentais para fortalecer a proteção ao consumidor e para adaptar o CDC às novas exigências de um mercado global.

Além disso, o superendividamento, que será melhor tratado adiante, tornou-se um problema crescente, especialmente em um contexto de fácil acesso ao crédito e de dificuldades econômicas enfrentadas por parte significativa da população. A Lei do Superendividamento introduz mecanismos para prevenir o endividamento irresponsável e garantir que os consumidores possam renegociar suas dívidas de forma digna, preservando sua qualidade de vida.

Outro aspecto relevante diz respeito ao fortalecimento das políticas de inclusão digital e de acessibilidade, de modo que todos os consumidores possam usufruir dos benefícios do mercado digital de maneira segura e inclusiva. A inclusão digital deve ser vista como um direito fundamental, e o acesso às plataformas digitais deve ser garantido de forma justa e equitativa.

Em 2020, CDC celebrou seus 30 anos de vigência, configurando-se como um marco paradigmático na evolução das relações de consumo no Brasil. Elaborado sob uma perspectiva progressista, o CDC buscou equilibrar a relação desigual entre consumidores e fornecedores, estabelecendo limites, responsabilidades e garantias que visam assegurar o acesso justo a bens e serviços.

No entanto, à medida que o contexto social e econômico se transforma, surgem novos desafios que demandam uma contínua revisão e adaptação do aparato normativo, especialmente no que diz respeito ao fenômeno do superendividamento.

Este trabalho visa explorar, a partir de uma abordagem jurídica aprofundada, a trajetória do CDC ao longo das últimas três décadas, destacando suas contribuições para o microssistema de proteção do consumidor e discutindo as implicações do superendividamento e da responsabilidade compartilhada entre consumidores e agentes do mercado. Além disso, pretende-se compreender como o CDC pode continuar evoluindo e se adaptando às exigências contemporâneas, como a digitalização das relações de consumo e a proteção dos dados pessoais.

Ainda há de se analisar o papel das instituições financeiras, do poder público e da sociedade civil na promoção de práticas de consumo responsáveis e na construção de um mercado mais justo e equilibrado. A conscientização coletiva e a educação financeira são destacadas como pilares fundamentais para garantir a sustentabilidade das relações de consumo a longo prazo.

O CDC representa um marco na consolidação dos direitos consumeristas no Brasil, sendo caracterizado como um microssistema jurídico que visa assegurar a proteção dos consumidores e o equilíbrio nas relações de consumo. Tal microssistema compreende um conjunto inter-relacionado de normas que visam garantir direitos fundamentais ao consumidor, regulamentando as práticas de mercado de modo a promover uma relação de consumo justa e transparente. Os órgãos de defesa do consumidor, como o Procon e o Ministério Público, desempenham um papel crucial na aplicação do CDC e na proteção dos direitos dos consumidores.

Esses órgãos atuam como mediadores entre consumidores e fornecedores, buscando solucionar conflitos de consumo de maneira eficaz e coibindo práticas abusivas. O Poder Judiciário, por sua vez, tem sido essencial na resolução célere de conflitos, especialmente por meio dos Juizados Especiais Cíveis, que proporcionam acesso à justiça de forma mais ágil e menos onerosa.

A atuação dos órgãos de defesa do consumidor é igualmente fundamental na implementação das diretrizes da Lei do Superendividamento. Esses órgãos têm a responsabilidade de fiscalizar as práticas dos fornecedores, garantir que as informações sejam fornecidas de forma clara e transparente, e promover a conciliação em casos de superendividamento. Dessa maneira, o microssistema do CDC é fortalecido, proporcionando uma proteção mais ampla e efetiva ao consumidor.

Outro ponto relevante é a necessidade de fortalecer os órgãos de defesa do consumidor, tanto em termos de recursos humanos quanto materiais. Para que possam desempenhar suas funções de forma efetiva, é essencial que esses órgãos disponham de recursos suficientes para fiscalizar o cumprimento das normas do CDC e da Lei do Superendividamento. Além disso, a cooperação entre diferentes órgãos e entidades, como Procons,

Defensorias Públicas e Ministério Público, é imprescindível para garantir uma atuação coordenada e eficaz.

O Poder Judiciário também desempenha um papel essencial na interpretação e aplicação das normas do CDC e da Lei do Superendividamento. As decisões judiciais têm o poder de moldar o entendimento e a aplicação dos direitos dos consumidores, criando precedentes que podem influenciar futuras decisões e estabelecer um padrão mais justo e equilibrado nas relações de consumo. Nesse contexto, é fundamental que magistrados e operadores do direito recebam treinamento contínuo em temas relacionados ao consumo e ao superendividamento, de modo a assegurar que suas decisões sejam embasadas nos princípios de proteção ao consumidor e justiça social.

A ampliação do acesso à justiça também é um ponto crucial para garantir a efetividade do CDC e da Lei do Superendividamento. Consumidores em situação de vulnerabilidade devem ter acesso facilitado aos mecanismos de resolução de conflitos, seja por meio dos Juizados Especiais, seja por órgãos de mediação e conciliação. O fortalecimento das Defensorias Públicas é essencial para assegurar que todos os consumidores tenham suporte jurídico adequado para a defesa de seus direitos.

O microssistema do CDC enfrenta inúmeros desafios, sobretudo diante das mudanças sociais e tecnológicas que vêm transformando as relações de consumo. A digitalização das transações comerciais trouxe novas questões, como a necessidade de garantir a privacidade e segurança dos dados pessoais e de regulamentar as práticas comerciais nas plataformas digitais. A LGPD surge, nesse contexto, como um complemento necessário ao CDC, assegurando que os dados dos consumidores sejam tratados de maneira ética e transparente.

Outro desafio relevante é a harmonização das normas de proteção ao consumidor no contexto globalizado. O Brasil, inserido em um mercado global, precisa alinhar suas legislações às melhores práticas internacionais, garantindo que os consumidores nacionais tenham direitos equivalentes aos dos consumidores de outros países. A cooperação internacional e o intercâmbio de experiências entre diferentes jurisdições são ferramentas fundamentais para o fortalecimento da proteção ao consumidor no Brasil.

Ademais, a evolução tecnológica exige que o CDC seja constantemente atualizado para acompanhar as novas práticas de mercado e assegurar a efetividade dos direitos dos consumidores. A transparência no uso de algoritmos e outras tecnologias automatizadas, que impactam diretamente as escolhas dos consumidores, é um ponto crucial para garantir a proteção adequada no ambiente digital. Nesse sentido, é imperativo que o CDC continue evoluindo para se adaptar às novas realidades e assegurar que os consumidores sejam devidamente protegidos em todos os aspectos das relações de consumo.

O fortalecimento das políticas de inclusão digital e acessibilidade também é necessário para garantir que todos os consumidores, independentemente de sua condição socioeconômica, possam acessar e utilizar as plataformas digitais de forma segura. A inclusão digital deve ser tratada como um direito fundamental, e o acesso ao consumo digital deve ser garantido de forma justa e equitativa. Dessa maneira, o CDC pode contribuir para a redução das desigualdades sociais e promover um consumo mais inclusivo e acessível a todos.

A cooperação entre governo, empresas e sociedade civil é essencial para enfrentar os desafios futuros do CDC. As empresas devem adotar práticas de responsabilidade social, promovendo o consumo consciente e respeitando os direitos dos consumidores, enquanto o governo deve assegurar a fiscalização e a aplicação eficaz das normas de proteção ao consumidor. A sociedade civil, por sua vez, deve se engajar em processos de conscientização e educação, promovendo o empoderamento dos consumidores e fortalecendo sua capacidade de reivindicar seus direitos.

As perspectivas futuras do CDC também envolvem o aprimoramento da regulamentação sobre práticas de publicidade, especialmente no ambiente digital. A proteção contra publicidade enganosa e abusiva é um direito fundamental do consumidor, e, com o crescimento das redes sociais e da publicidade direcionada por algoritmos, é crucial que o CDC se adapte para regular essas novas formas de comunicação.

A transparência nas práticas publicitárias e a proteção dos dados pessoais utilizados para fins de marketing são questões que precisam ser abordadas para garantir que o consumidor esteja plenamente informado e protegido.
O Código de Defesa do Consumidor, ao completar 30 anos de vigência, consolidou-se como um dos pilares fundamentais da proteção consumerista no Brasil. A criação da Lei do Superendividamento reforçou o microssistema do CDC, garantindo que os consumidores tenham acesso a relações de consumo mais justas e transparentes, com responsabilidade compartilhada entre fornecedores e consumidores.

Apesar dos avanços, os desafios persistem, especialmente diante da digitalização das relações de consumo e da crescente complexidade do mercado de crédito. Assim, é imprescindível que o CDC continue evoluindo, que os órgãos de defesa do consumidor sejam fortalecidos e que a educação financeira seja amplamente promovida, a fim de criar um ambiente de consumo mais justo, seguro e sustentável.

A colaboração entre consumidores, fornecedores e o Estado é crucial para que o CDC continue cumprindo seu papel de garantir a proteção dos direitos dos consumidores. O desenvolvimento de programas de conscientização, a fiscalização eficiente e a adaptação contínua das normas são passos necessários para enfrentar os desafios atuais e futuros, criando relações de consumo mais éticas, transparentes e equilibradas.

Assim, o CDC deve ser visto não apenas como um conjunto de normas, mas como um mecanismo dinâmico e em constante aperfeiçoamento, capaz de responder às demandas de uma sociedade em transformação. Seu fortalecimento reflete o compromisso com a justiça social e com a garantia dos direitos fundamentais, contribuindo para a construção de uma sociedade mais justa e igualitária. A promoção de um ambiente de consumo consciente, inclusivo e responsável depende do engajamento de todos os atores envolvidos — consumidores, fornecedores e poder público — reafirmando a proteção ao consumidor como um direito essencial para o desenvolvimento de um mercado justo e sustentável.

Nesse contexto, o papel da educação financeira, do fortalecimento das instituições de defesa do consumidor e da adaptação contínua às novas realidades tecnológicas e sociais é imprescindível para assegurar a eficácia e continuidade do CDC. O equilíbrio entre o desenvolvimento econômico e a proteção dos direitos dos consumidores deve ser uma meta constante, garantindo que o consumo se torne uma ferramenta de inclusão e bem-estar para todos os cidadãos.

5.1.1. Principais complementações ao CDC

5.1.2. Lei nº 12.291/2010 - Disponibilidade do Código de Defesa do Consumidor

A Lei nº 12.291, de 20 de julho de 2010, ao estabelecer a obrigatoriedade de todos os estabelecimentos comerciais e de prestação de serviços no território nacional manterem um exemplar do Código de Defesa do Consumidor (CDC) em local visível e acessível ao público, introduz uma medida essencial para o fortalecimento das relações de consumo. Esta disposição normativa visa, primordialmente, assegurar que o consumidor tenha acesso imediato e desimpedido ao CDC, possibilitando uma consulta ágil e eficaz à legislação que regula seus direitos e obrigações, o que se revela essencial para a transparência e a justiça nas interações de consumo.

Ao impor esta exigência, o legislador buscou fomentar uma cultura de proteção e respeito ao consumidor, na qual os indivíduos dispõem de ferramentas legais para conhecerem e defenderem seus direitos. Assim, a norma promove um ambiente de conscientização onde o acesso ao CDC não apenas instrui o consumidor sobre seus direitos, mas também serve como um incentivo para a resolução de possíveis conflitos de forma informada e equilibrada, evitando litígios desnecessários e promovendo um ambiente de consumo mais saudável.

Além disso, a Lei nº 12.291/2010 exerce um papel pedagógico ao educar, simultaneamente, fornecedores e consumidores sobre as normas de conduta e princípios que devem reger as relações de consumo. A presença visível do CDC nos estabelecimentos facilita a consulta e incentiva o diálogo baseado na legislação vigente, elevando o nível de consciência e responsabilidade dos agentes envolvidos. Dessa forma, a norma contribui para o desenvolvimento de uma cultura jurídica participativa, na qual a cidadania ativa e informada é fortalecida.

Em caso de descumprimento desse dever legal, a legislação prevê sanções administrativas, nos termos do artigo 56 do próprio Código de Defesa do Consumidor, sujeitando os estabelecimentos infratores à imposição de multas. Essa penalidade serve para reforçar o comprometimento dos fornecedores com a efetiva observância das disposições do CDC, garantindo a efetividade da norma e a proteção dos direitos do consumidor.

A aplicação da multa, neste sentido, atua não apenas como uma sanção, mas também como um mecanismo de incentivo para que os estabelecimentos promovam o cumprimento integral e contínuo da lei, mantendo sempre o Código de Defesa do Consumidor acessível ao público, conforme exigido pela normativa.

5.1.3. Lei nº 12.741/2012 - Informação sobre Carga Tributária

A Lei nº 12.741, de 8 de dezembro de 2012, amplamente conhecida como "Lei da Transparência Tributária", veio a lume com o propósito de assegurar aos consumidores um conhecimento claro e detalhado acerca da carga tributária embutida no preço dos bens e serviços que adquirem. Tal legislação busca, em sua essência, proporcionar uma maior transparência fiscal, de forma a evidenciar os diversos tributos que compõem o valor final das mercadorias e dos serviços, ampliando, assim, a noção de cidadania tributária. Com efeito, o direito à informação sobre a composição do preço, ao elucidar a incidência tributária, reafirma o compromisso estatal com a transparência e a conscientização do consumidor.

Esta exigência legal é, ademais, absolutamente consonante com os princípios consagrados no CDC, notadamente no art. 6º, inciso III, que estabelece o direito do consumidor à informação adequada e clara sobre produtos e serviços, incluídas todas as especificações e componentes que influenciam no valor final. Ao criar a obrigatoriedade de se informar os tributos incidentes de forma explícita, a Lei nº 12.741 materializa o direito do consumidor ao pleno conhecimento das parcelas tributárias que incidem sobre o preço pago, fomentando, assim, uma relação de consumo pautada pela transparência.

Os impactos da referida norma transcendem o mero aspecto informativo. Ela assume uma função pedagógica ao educar o consumidor acerca do impacto tributário nos bens e serviços, permitindo que este compreenda melhor a distribuição e destinação dos tributos recolhidos. Ao fomentar tal entendimento, a legislação contribui para uma participação cidadã mais consciente e ativa, na qual o consumidor, conhecedor dos tributos que incidem sobre as transações, torna-se apto a exigir do Estado uma gestão eficiente e transparente desses recursos arrecadados. Esse conhecimento possibilita, portanto, uma forma de controle social da arrecadação tributária e da aplicação dos tributos, o que reforça o compromisso com a integridade e a eficiência na administração pública.

Ademais, ao possibilitar que o consumidor visualize o peso dos tributos no preço final dos produtos e serviços, a Lei da Transparência Tributária promove uma conscientização acerca do papel das contribuições fiscais para o funcionamento do Estado e o financiamento das políticas públicas. Em última análise, essa medida legislativa contribui para que o consumidor adote uma postura mais informada e consciente, percebendo a importância dos tributos para o desenvolvimento social e para a efetivação de direitos coletivos.

Consequentemente, a lei não apenas favorece uma relação de consumo transparente, mas também fortalece a cidadania ao engajar o consumidor na compreensão e na fiscalização da política tributária estatal.

5.1.4. Lei nº 13.455/2017 - Diferenciação de Preços

A Lei nº 13.455, de 26 de junho de 2017, introduziu uma importante inovação ao sistema jurídico brasileiro, ao permitir expressamente a diferenciação de preços de um mesmo produto ou serviço oferecido ao público, conforme o prazo de pagamento ou o meio de pagamento utilizado, como, por exemplo, dinheiro, cartão de crédito ou cartão de débito. A referida norma veio regulamentar uma prática que já era amplamente adotada no mercado, conferindo maior segurança jurídica tanto aos consumidores quanto aos fornecedores, ao reconhecer a legitimidade de tais diferenciações dentro dos parâmetros legais.

A previsão legal da diferenciação de preços objetiva fomentar a liberdade contratual nas relações de consumo, conferindo aos fornecedores maior flexibilidade para ajustar seus preços em função dos custos específicos associados a cada modalidade de pagamento. Nesse sentido, a norma busca adequar-se à diversidade crescente dos meios de pagamento disponíveis no mercado, reconhecendo que cada instrumento de pagamento acarreta custos distintos para o fornecedor, especialmente no que se refere às taxas administrativas e operacionais aplicadas em operações com cartões de crédito ou débito. A lei, portanto, permite que o fornecedor repasse parte desses custos, incentivando, assim, a escolha do meio de pagamento mais vantajoso para ambas as partes.

Ao conferir ao consumidor a possibilidade de optar pelo meio de pagamento que melhor atenda a suas necessidades e preferências, a Lei nº 13.455 contribui para a criação de um ambiente de consumo mais dinâmico e competitivo. O consumidor, informado das condições de pagamento e dos valores correspondentes, pode tomar decisões mais assertivas e alinhadas com sua realidade financeira. Tal medida, além de promover a eficiência nas transações comerciais, incentiva uma diversidade de ofertas e um ajuste mais preciso dos preços ao perfil de cada consumidor, o que tende a estimular a competitividade e a eficiência econômica no mercado.

A normatização dessa prática, contudo, deve ser interpretada em harmonia com os princípios do CDC, especialmente aqueles relacionados à informação clara, precisa e ostensiva. Assim, ao aplicar preços diferenciados, o fornecedor deve assegurar-se de que todas as informações relevantes estejam facilmente acessíveis ao consumidor, de modo que este possa compreender plenamente as condições de pagamento e as variações de preço aplicáveis. Tal exigência visa proteger o direito do consumidor à transparência nas relações de consumo, prevenindo práticas abusivas e garantindo que a liberdade de escolha seja exercida de maneira informada e consciente.

Desse modo, ao regulamentar a diferenciação de preços com base no prazo ou instrumento de pagamento, a Lei nº 13.455 contribui não apenas para a adequação do ordenamento jurídico à realidade mercadológica, mas também para o fortalecimento das relações de consumo, promovendo uma maior clareza, previsibilidade e segurança para todas as partes envolvidas, com reflexos positivos para a competitividade e a eficiência no mercado de consumo brasileiro.

5.1.5. Lei n° 14.181/2021 - Lei do Superendividamento

Nos últimos anos, um dos principais desafios enfrentados por esse microssistema é o fenômeno do superendividamento, que afeta uma parcela significativa da população brasileira. O superendividamento ocorre quando o consumidor, devido ao acúmulo excessivo de compromissos financeiros, perde a capacidade de cumprir suas obrigações sem comprometer sua subsistência e dignidade. Esse fenômeno é exacerbado pela oferta irrestrita de crédito e pela insuficiência de educação financeira, levando muitos consumidores a endividarem-se de forma descontrolada.

A Lei 14.181/2021, conhecida como a Lei do Superendividamento, veio reforçar o microssistema do CDC, estabelecendo diretrizes para prevenir e tratar o superendividamento. A legislação busca promover a renegociação das dívidas de forma justa e equilibrada, garantindo que o consumidor possa reestruturar suas finanças sem perder sua dignidade. Entre as inovações trazidas por essa lei, destacam-se a promoção de audiências de conciliação, a mediação para a renegociação das dívidas e a proibição de práticas que induzam o consumidor ao endividamento excessivo.

A responsabilidade dos fornecedores é central na prevenção do superendividamento. O CDC, em conjunto com a Lei do Superendividamento, impõe aos fornecedores o dever de informar de maneira clara e adequada às condições dos produtos e serviços oferecidos, além de avaliar a capacidade de pagamento dos consumidores antes da concessão de crédito. Dessa forma, busca-se evitar que consumidores vulneráveis sejam induzidos a contrair dívidas que não possam honrar, promovendo um ambiente de consumo mais justo e responsável.

A Lei do Superendividamento também fortalece a figura do consumidor superendividado como sujeito de proteção especial, dignificando-o como ente indispensável a diversos ramos sócio-econômicos, reconhecendo sua vulnerabilidade econômica como uma barreira significativa ao exercício pleno da cidadania. A legislação não se limita a fornecer mecanismos de renegociação de dívidas; ela também impõe aos agentes de mercado a obrigação de agir de forma ética e responsável na concessão de crédito, contribuindo para evitar o ciclo vicioso de endividamento. A criação de políticas públicas que auxiliem na recuperação financeira dos consumidores superendividados é outro aspecto fundamental dessa abordagem.

A implementação da Lei do Superendividamento representa um avanço significativo no que concerne à proteção dos direitos dos consumidores em situação de extrema vulnerabilidade financeira. A lei prevê, por exemplo, a elaboração de planos de pagamento que respeitem a capacidade financeira do consumidor, evitando que ele seja compelido a sacrificar necessidades básicas para quitar dívidas. O objetivo é promover uma inclusão financeira responsável, que permita ao consumidor reabilitar-se economicamente e romper com o ciclo do endividamento contínuo.

O princípio da responsabilidade compartilhada é fundamental no combate ao superendividamento, estabelecendo que tanto consumidores quanto fornecedores têm papéis essenciais na construção de um ambiente de consumo sustentável. Para os consumidores, essa responsabilidade implica a adoção de práticas de consumo consciente e a busca por informações adequadas sobre as condições dos contratos de crédito. Para os fornecedores, significa ofertar crédito de maneira responsável, evitando práticas que incentivem o endividamento excessivo e respeitando a vulnerabilidade do consumidor.

A educação financeira emerge como um elemento indispensável para a prevenção do superendividamento e a promoção do consumo consciente. A insuficiência de conhecimento financeiro é um dos principais fatores que levam os consumidores ao endividamento descontrolado, muitas vezes sem compreender as implicações dos compromissos assumidos. Nesse sentido, cabe ao Estado, em parceria com instituições financeiras e órgãos de defesa do consumidor, promover programas de educação financeira que conscientizem a população sobre a importância do planejamento financeiro, do uso responsável do crédito e dos riscos inerentes ao endividamento.

A Lei do Superendividamento também prevê medidas para proteger consumidores vulneráveis e promover uma renegociação justa das dívidas. As audiências de conciliação, por exemplo, visam garantir que o consumidor e o fornecedor cheguem a um acordo que preserve a dignidade do consumidor, evitando que ele seja submetido a condições abusivas. Essas audiências são mediadas por órgãos de defesa do consumidor, como os Procons, que asseguram que os direitos dos consumidores sejam respeitados e que as negociações sejam conduzidas de forma equilibrada.

A implementação de programas de educação financeira em escolas e comunidades é uma estratégia de longo prazo que pode contribuir significativamente para a prevenção do superendividamento. Ensinar crianças e adolescentes sobre conceitos como planejamento financeiro, orçamento doméstico e consumo consciente é uma forma de preparar as futuras gerações para lidar com o crédito de forma responsável. Campanhas de conscientização voltadas para adultos, realizadas em parceria com o governo, instituições financeiras e organizações não governamentais, são igualmente essenciais para disseminar informações práticas sobre o gerenciamento financeiro pessoal.

A educação financeira deve ser concebida como um direito do cidadão, intrinsecamente relacionado à sua capacidade de exercer plenamente seus direitos enquanto consumidor. O acesso ao crédito e a realização de compras a prazo são práticas comuns na sociedade contemporânea, e é essencial que os consumidores compreendam as implicações financeiras dessas práticas.

O papel das instituições de ensino, tanto públicas quanto privadas, é fundamental na promoção da educação financeira, que deve ser incorporada aos currículos escolares de maneira sistemática e contínua.

Além disso, cabe destacar o papel das empresas na promoção de práticas de crédito responsável. As instituições financeiras devem adotar critérios rigorosos na concessão de crédito, avaliando a capacidade de pagamento dos consumidores e evitando práticas abusivas, como a oferta indiscriminada de crédito.

Devem, ainda, fornecer informações claras e acessíveis sobre os custos do crédito, incluindo taxas de juros, encargos e eventuais penalidades, de modo que o consumidor possa tomar decisões bem informadas.

A Lei nº 14.181 de 2021, conhecida como "Lei do Superendividamento", surgiu para proteger consumidores em extrema vulnerabilidade, oferecendo um arcabouço jurídico específico para enfrentar o superendividamento. Antes, o ordenamento jurídico brasileiro recorria a princípios gerais do Direito do Consumidor, sem uma proteção robusta.

A lei reforça a dignidade da pessoa humana como princípio das relações consumeristas, promovendo a inclusão social dos consumidores superendividados. Com enfoque preventivo, impõe aos fornecedores de crédito a responsabilidade de agir com transparência e fornecer informações claras. No aspecto curativo, permite a renegociação de dívidas, preservando o mínimo existencial necessário para a subsistência.

A legislação também busca romper com a visão estigmatizante do endividamento, promovendo a inclusão financeira dos consumidores afetados. Ela reflete sobre o papel do Direito do Consumidor na proteção dos vulneráveis e a função social do crédito, que deve ser responsável para evitar exclusão e violação da dignidade humana.

Nesse sentido, a lei destaca a importância da atuação conjunta dos órgãos de defesa do consumidor, do Poder Judiciário e da sociedade civil para garantir a aplicação dos mecanismos de prevenção e tratamento do superendividamento, promovendo a justiça social.

5.1.5.1. Mecanismos que inovaram na proteção ao consumidor com o advento da Lei n° 14.181/2021

Para uma análise aprofundada das inovações introduzidas pela Lei nº 14.181/2021, é fundamental compreender que essa legislação não se constitui como uma norma autônoma, mas sim como uma modificação relevante da Lei nº 8.078/1990 (Código de Defesa do

Consumidor - CDC) e da Lei nº 10.741/2003 (Estatuto do Idoso). A finalidade primordial desta alteração foi aperfeiçoar a regulamentação do crédito ao consumidor, abordando tanto a prevenção quanto o tratamento do superendividamento, com vistas a garantir maior proteção jurídica aos consumidores em situação de vulnerabilidade financeira.

Uma das principais inovações da Lei nº 14.181/2021 foi a inclusão de dois novos princípios ao artigo 4º do CDC, que dispõe sobre a Política Nacional das Relações de Consumo. A introdução dos incisos IX e X reflete a preocupação do legislador em assegurar a educação financeira dos consumidores e prevenir o superendividamento, de modo a evitar a exclusão social e promover um ambiente mais equitativo no âmbito das relações de consumo.

Esses princípios reforçam o papel do Estado na construção de um sistema financeiro inclusivo, que respeite e proteja os direitos dos consumidores, particularmente os mais vulneráveis. Além da inserção de novos princípios, o art. 5º do CDC também foi modificado, estabelecendo novos instrumentos para a efetivação da Política Nacional das Relações de Consumo.

Entre os mecanismos introduzidos, destacam-se os dispositivos voltados para a prevenção e o tratamento, tanto judicial quanto extrajudicial, do superendividamento, bem como a criação de núcleos de conciliação e mediação de conflitos relacionados ao tema (art. 5º, incisos VI e VII, da Lei nº 14.181/2021). Esses instrumentos visam fomentar uma abordagem integrada e humanizada na resolução de conflitos financeiros, facilitando o diálogo entre credores e consumidores superendividados.

Outra alteração significativa trazida pela lei foi a ampliação dos direitos dos consumidores, conforme as modificações no art. 5º do CDC. Entre os novos direitos previstos, destacam-se: a garantia de práticas de crédito responsável e de educação financeira (inciso XI); a preservação do mínimo existencial para assegurar a subsistência digna dos consumidores e de suas famílias (inciso XII); e a garantia de informação clara sobre os preços dos produtos por unidade de medida (inciso XIII).

Esses direitos visam resguardar a dignidade dos consumidores e promover um equilíbrio nas relações contratuais, prevenindo abusos que possam comprometer a subsistência do indivíduo.
Ademais, a lei determinou a nulidade de pleno direito de cláusulas contratuais que restrinjam ou impeçam o acesso do consumidor ao Poder Judiciário, bem como aquelas que estabeleçam prazos de carência ou impeçam o restabelecimento dos direitos do consumidor após a purgação da mora ou a celebração de acordo com os credores (art. 51, incisos XVII e XVIII, da Lei nº 14.181/2021). Essas disposições buscam assegurar o acesso à justiça e a proteção contra cláusulas abusivas, reafirmando o compromisso com a dignidade da pessoa humana e a defesa do consumidor.

No que diz respeito às alterações específicas sobre o procedimento do superendividamento, a lei introduziu dois novos capítulos ao CDC: o Capítulo VI-A, abrangendo os artigos 54-A a 54-G, e o Capítulo V, com os artigos 104-A a 104-C. O Capítulo VI-A tem como foco principal a prevenção do superendividamento e a promoção de uma mudança cultural em relação ao endividamento, incentivando práticas de consumo consciente e a responsabilização dos fornecedores de crédito. Conforme ressaltado em estudos realizados nas Jornadas de Pesquisa do CDEA, organizadas por Cláudia Lima Marques e Andréia Fernandes de Almeida Rangel (2022, p. 4), a mudança cultural proposta pela nova legislação é imprescindível para a mitigação dos efeitos negativos do superendividamento e para a construção de um mercado de crédito mais justo e sustentável:

> "*[...] mudar da cultura da dívida e da exclusão dos milhões de consumidores superendividados de boa-fé, para a cultura do pagamento e da preservação do mínimo existencial, dando nova ordem e mais tempo aos consumidores no pós-pandemia, mas com um plano de pagamento para saldar as dívidas e reforçar a educação financeira no Brasil*"

A partir dessa perspectiva, o art. 54-A, trata sobre a prevenção e o tratamento do superendividamento, prevendo o conceito do instituto e quais dívidas destinam-se ao trâmite da lei e quais não:

> *Art. 54-A. Este Capítulo dispõe sobre a prevenção do superendividamento da pessoa natural, sobre o crédito responsável e sobre a educação financeira do consumidor.*
> *§ 1º Entende-se por superendividamento a impossibilidade manifesta de o consumidor pessoa natural, de boa-fé, pagar a totalidade de suas dívidas de consumo, exigíveis e vincendas, sem comprometer seu mínimo existencial, nos termos da regulamentação.*
> *§ 2º As dívidas referidas no § 1º deste artigo englobam quaisquer compromissos financeiros assumidos decorrentes de relação de consumo, inclusive operações de crédito, compras a prazo e serviços de prestação continuada.*
> *§ 3º O disposto neste Capítulo não se aplica ao consumidor cujas dívidas tenham sido contraídas mediante fraude ou má-fé, sejam oriundas de contratos celebrados dolosamente com o propósito de não realizar o pagamento ou decorram da aquisição ou contratação de produtos e serviços de luxo de alto valor.*

O conceito previsto pela norma é particularmente esclarecedor para a compreensão da extensão do instituto e dos parâmetros que o regem. A diretriz de se destinar à pessoa natural, agindo de boa-fé, e garantir o respeito ao mínimo existencial evidencia, desde o princípio, o caráter humanitário e protetivo da legislação. Tal entendimento é reforçado pela exclusão de determinadas obrigações, como dívidas provenientes de má-fé ou aquisição de bens de luxo, conforme estipulado no art. 54-A, §3º, que não se alinham com os propósitos da norma.

O art. 54-B estabelece como fundamento a necessidade de garantir ao consumidor não apenas o acesso às informações, mas também a compreensão plena dessas informações no momento de firmar compromissos financeiros. A norma expande as disposições já contidas no art. 52 do CDC, ao prever que o destinatário final seja devidamente esclarecido, de maneira prévia e adequada, sobre o custo efetivo total e a descrição dos elementos que compõem a oferta.

Além disso, a norma garante acesso às informações relativas à taxa efetiva mensal de juros, juros de mora, bem como aos encargos de qualquer natureza aplicáveis em caso de inadimplemento. O §1º do referido artigo determina, de forma expressa, que todas essas informações sejam apresentadas de maneira clara e sucinta no próprio contrato ou em outro instrumento acessível ao consumidor, assegurando, assim, transparência e proteção durante o processo de contratação.

Em reflexão muito sensata, Marília de Ávila e Silva Sampaio, ensina acerca da importância do acesso efetivo e consciente das informações de produtos e serviços contratados pelo consumidor:

> "*A principal estratégia de prevenção do superendividamento é a informação de todos os dados atinentes à contratação, para que o consumidor possa avaliar sua escolha da maneira que mais lhe atenda aos interesses e à sua capacidade financeira. O dever de informação como um direito básico do consumidor é previsto no CDC de forma expressa, sendo que o art. 6º, III, determina que a informação seja adequada e clara sobre os diferentes serviços e produtos*" (SAMPAIO, 2018, p. 54)

O art. 54-C centra-se na promoção da integridade e da responsabilidade na concessão de crédito e na prática de marketing, estabelecendo diretrizes que visam assegurar a proteção do consumidor no contexto das relações financeiras. A norma proíbe expressamente práticas que possam induzir o consumidor ao erro, omitir informações essenciais ou incentivar o superendividamento, garantindo, assim, que os consumidores, sobretudo aqueles em situação de vulnerabilidade, tenham acesso a informações precisas e compreensíveis para a tomada de decisões financeiras conscientes e fundamentadas.

A estrutura normativa do art. 54-C busca prevenir ações que comprometam a transparência e a integridade da relação de consumo, especialmente a falta de clareza sobre as condições contratuais e a omissão de elementos cruciais, como taxas de juros, encargos adicionais e possíveis consequências do inadimplemento. Ao coibir essas práticas, a lei promove um mercado de crédito que se pauta pela justiça e pela transparência, protegendo os consumidores contra práticas abusivas que historicamente os colocam em posição desvantajosa.

Além disso, o artigo estabelece um dever de ética na oferta de crédito, impondo que as instituições financeiras e demais fornecedores atuem de forma responsável e respeitem os direitos do consumidor. As ofertas de crédito devem ser acompanhadas de informações claras e detalhadas sobre os riscos inerentes, as taxas de juros incidentes, os encargos contratuais e as condições de pagamento, de forma a permitir que o consumidor possa avaliar, de maneira consciente, a viabilidade econômica da contratação e os possíveis impactos no seu orçamento familiar.

No que concerne à publicidade, o art. 54-C impõe regras rigorosas para evitar que as comunicações publicitárias induzam o consumidor a acreditar que o crédito é uma solução sem custos ou riscos, evitando, assim, a criação de expectativas irreais. As campanhas publicitárias devem, portanto, fornecer informações completas e precisas sobre os termos e condições do crédito, incluindo o custo total, os encargos futuros e as obrigações contratuais do consumidor.

O objetivo é evitar que a publicidade transmita a ideia de que o crédito é um recurso fácil e desprovido de consequências, o que poderia levar ao superendividamento e à consequente exclusão financeira. O art. 54-C também destaca a responsabilidade das instituições financeiras em evitar a oferta indiscriminada de crédito, especialmente para aqueles consumidores cuja capacidade de pagamento seja insuficiente para honrar as dívidas contraídas. Nesse contexto, a norma estabelece que cabe às instituições verificar a solvência do consumidor antes de conceder o crédito, prevenindo, assim, situações de inadimplência e agravamento da vulnerabilidade econômica dos indivíduos.

> *[...]*
> *II - indicar que a operação de crédito poderá ser concluída sem consulta a serviços de proteção ao crédito ou sem avaliação da situação financeira do consumidor;*
> *III - ocultar ou dificultar a compreensão sobre os ônus e os riscos da contratação do crédito ou da venda a prazo;*
> *IV - assediar ou pressionar o consumidor para contratar o fornecimento de produto, serviço ou crédito, principalmente se se tratar de*

consumidor idoso, analfabeto, doente ou em estado de vulnerabilidade agravada ou se a contratação envolver prêmio;
V - condicionar o atendimento de pretensões do consumidor ou o início de tratativas à renúncia ou à desistência de demandas judiciais, ao pagamento de honorários advocatícios ou a depósitos judiciais.

Uma das alterações mais significativas, com potencial para gerar uma verdadeira mudança social, é a prevista no art. 54-C. Há muito tempo, a sociedade é impactada pelo marketing desonesto e pela publicidade agressiva, que não apenas alcança níveis explícitos de manipulação, mas também atua de forma sutil, por meio de mensagens subliminares e estratégias que afetam os aspectos mais íntimos da consciência do consumidor. A inovação trazida pelo artigo reside justamente na proteção dos indivíduos, especialmente dos mais vulneráveis (inciso III), contra a oferta de crédito irresponsável, sem observância dos princípios fundamentais de dignidade e ética.

O inciso I é emblemático nesse sentido. Antes da vigência dessa norma, era comum a veiculação de propagandas que ofereciam cartões de crédito e empréstimos sem qualquer análise do histórico financeiro do consumidor, resultando em compromissos excessivamente onerosos e consumidores sem a devida consciência dos impactos financeiros. Além disso, as práticas abusivas das instituições financeiras, que aplicavam encargos de maneira opressiva, contribuíam para aprofundar o endividamento dos indivíduos. O inciso I, portanto, visa especificamente coibir essas práticas, promovendo um ambiente mais justo e responsável na concessão de crédito, assegurando que o consumidor não seja exposto a obrigações que ultrapassem sua capacidade financeira e resguardando sua dignidade econômica.

Acerca da temática tem íntima relação com a teoria do Duty to mitigate the loss. O Ministro VASCO DELLA GIUSTINA, desembargador convocado do TJ/RS, em Recurso Especial Nº 758.518 - PR (2005/0096775-4) trata de forma ímpar sobre:

> *Destarte, a boa-fé objetiva é fonte de obrigação que permeia a conduta das partes a influir na maneira em que exercitam os seus direitos, bem como no modo em que se relacionam entre si. Neste rumo, a relação obrigacional deve ser desenvolvida com o escopo de se preservarem os direitos dos contratantes na consecução dos fins avençados, sem que a atuação das partes infrinja os preceitos éticos insertos no ordenamento jurídico. Com esse entendimento, avulta-se o dever de mitigar o próprio prejuízo, ou, no direito alienígena, duty to mitigate the loss: as partes contratantes da obrigação devem tomar as medidas necessárias e possíveis para que o dano não seja agravado. Desse modo, a parte a que a perda aproveita não pode permanecer deliberadamente inerte diante do dano, pois a sua inércia imporá gravame desnecessário e evitável ao patrimônio da outra, circunstância que infringe os deveres de cooperação e lealdade*

O Enunciado n. 169 do Conselho da Justiça Federal, na III Jornada de Direito Civil também aduz sobre a questão: O princípio da boa-fé objetiva deve levar o credor a evitar o agravamento do próprio prejuízo.

Uma das mudanças mais significativas, com o potencial de provocar uma transformação social substancial, é a introduzida pelo art. 54-C. A sociedade, há décadas, enfrenta os efeitos adversos do marketing desonesto e da publicidade agressiva, que não apenas manipulam de forma explícita, mas também atuam de maneira sutil, explorando os aspectos mais íntimos da psique dos consumidores por meio de mensagens subliminares e técnicas de persuasão que buscam influenciar suas decisões. A inovação trazida por esse artigo tem como escopo proteger os indivíduos, sobretudo os mais vulneráveis (inciso III), contra a concessão irresponsável de crédito, que viola os princípios fundamentais da dignidade da pessoa humana e os valores éticos que devem nortear as relações de consumo.

O inciso I é particularmente emblemático nesse contexto. Antes da vigência dessa norma, era comum a veiculação de propagandas que ofereciam cartões de crédito ou empréstimos sem qualquer análise prévia da capacidade financeira do consumidor, resultando em compromissos excessivamente onerosos, sem que o consumidor tivesse plena compreensão dos impactos financeiros envolvidos. Além disso, abusos econômicos por parte das instituições financeiras, como a imposição de encargos desproporcionais, eram práticas recorrentes. Assim, o inciso I visa combater diretamente tais práticas, assegurando que a concessão de crédito seja precedida de uma análise criteriosa da capacidade de pagamento do indivíduo, promovendo, desse modo, um ambiente de crédito mais justo, equilibrado e ético.

O conceito de *duty to mitigate the loss* reforça a ideia de que o fornecedor de crédito deve oferecer propostas realistas, compatíveis com a capacidade de pagamento do consumidor, sempre pautando suas ações pelos princípios da boa-fé e da honestidade negocial. No entanto, a teoria também destaca a importância da responsabilidade do consumidor em agir de maneira consciente ao assumir compromissos financeiros, buscando ativamente minimizar suas próprias perdas e agindo com prudência e discernimento. Essa abordagem de responsabilidade compartilhada visa garantir uma relação de consumo mais equitativa, onde ambas as partes têm deveres correlatos para evitar situações de superendividamento.

O art. 54-C, em seu inciso IV, aborda um aspecto essencial para a proteção dos consumidores: o assédio de consumo. Trata-se de uma prática que gera efeitos extremamente nefastos para a sociedade, pois consiste em abordagens que desrespeitam a autonomia do consumidor por meio de estratégias coercitivas e invasivas. Infelizmente, essa postura ainda é adotada por muitos fornecedores de crédito, que utilizam métodos de pressão para induzir o consumidor a contratar produtos financeiros, sem respeitar sua liberdade de escolha e autonomia. Ao regulamentar essa questão, a norma busca coibir tais práticas de assédio e promover a dignidade do consumidor, fomentando práticas comerciais baseadas em respeito e ética, que valorizem a integridade e a autodeterminação dos indivíduos.

Assim, as disposições do art. 54-C refletem um compromisso explícito com a proteção dos consumidores e a promoção da dignidade humana, assegurando que as instituições financeiras atuem de maneira responsável e que os consumidores estejam empoderados e informados ao tomar decisões financeiras. Esse equilíbrio é crucial para a construção de um mercado de crédito mais justo e para a efetiva realização dos direitos dos consumidores no contexto das relações econômicas:

> "*Coibir o assédio ao consumo, sem sombra de dúvidas é fundamental para a prevenção do superendividamento, principalmente em relação ao hipervulneráveis. O mercado de consumo tem muito a ganhar com a concessão de crédito consciente e a proteção do consumidor em relação às pressões dos fornecedores em especial aos idosos, analfabetos e todos os indivíduos que possuem um estado de vulnerabilidade agravada*" MARILIA E AVILA (2018, p. 86)

As narrativas contemporâneas evidenciam que a mera concessão de crédito não é suficiente. A questão do crédito é complexa e requer uma análise criteriosa e abrangente. A informação prestada ao consumidor deve ser clara, adequada, de fácil compreensão e capaz de sanar qualquer dúvida. O atendimento ao consumidor, baseado na boa-fé, deve ser adotado em todas as fases da relação comercial: antes, durante e após as tratativas. Além disso, o consumidor deve ter plena consciência de que, caso algo pareça incorreto ou ilegal, ele tem o direito de acessar o Judiciário para questionar as disposições contratuais e obter a proteção de seus direitos.

Em alinhamento com o artigo anterior, o art. 54-D reforça outros deveres fundamentais que devem ser adotados na oferta de crédito. Tais deveres incluem informar e esclarecer o consumidor de forma adequada, levando em consideração sua idade e nível de compreensão, sobre a natureza e a modalidade do crédito oferecido, incluindo os custos envolvidos e as possíveis consequências do inadimplemento.

Além disso, é necessário avaliar as condições de crédito do consumidor por meio da análise de informações constantes em bancos de dados de proteção ao crédito, bem como fornecer uma cópia do contrato de crédito firmado. Um diferencial relevante deste artigo está previsto em seu parágrafo único, que estabelece que o descumprimento de qualquer dos deveres elencados no caput do artigo e nos arts. 52 e 54-C do Código pode resultar, judicialmente, na redução dos juros, encargos ou de qualquer acréscimo ao principal, bem como na extensão do prazo de pagamento estipulado no contrato original, conforme a gravidade da conduta do fornecedor e as condições financeiras do consumidor, além de outras sanções e possibilidade de indenização por perdas e danos, materiais e morais, ao consumidor.

A doutrina majoritária também sustenta que as sanções previstas no artigo mencionado são aplicáveis, inclusive, na fase judicial do processo de superendividamento, conforme o disposto no art. 104-B. Tal previsão reforça o pressuposto de que a legislação, como um todo, visa proteger o consumidor e proporcionar uma solução justa, dentro dos parâmetros estabelecidos, para a resolução dos débitos. Assim, a integração dos artigos busca estabelecer um equilíbrio entre as partes, garantindo que os consumidores sejam tratados de forma justa e tenham a oportunidade de reestruturar suas finanças sem sofrer prejuízos desproporcionais.

Quanto às sanções previstas no parágrafo único, Bruno Miragem, Cláudia Lima Marques e Herman Benjamim (2021, p. 1283):

> "*Note-se que a violação dos deveres de informação e esclarecimento (arts. 52, 54-C, incisos II e III, e 54-D, incisos I e III), ou de diligência e cuidado (art. 54-D, II), assim como o comportamento ilícito característico pelas práticas vedadas ao fornecedor na oferta do crédito (art. 54-C, incisos IV e V), dão causa às sanções previstas no parágrafo único do art. 54-D. A fórmula "poderá acarretar judicialmente" remete, como afirmamos, à discrição judicial, informada por dois critérios: a) a gravidade da conduta do fornecedor; e b) as possibilidades financeiras do fornecedor. Há, pois, caráter repressivo na aplicação das sanções pelo juiz, porém vinculado à finalidade de viabilizar o pagamento da dívida pelo consumidor, tanto na oportunidade de conciliação (art. 104-A) quanto na elaboração do plano judicial compulsório (art. 104-B).*"

Neste viés da prevenção, ressalta-se o art. 54-G, que prevê outras práticas vedadas nas relações consumeristas, como:

I - realizar ou proceder à cobrança ou ao débito em conta de qualquer quantia que houver sido contestada pelo consumidor em compra realizada com cartão de crédito ou similar, enquanto não for adequadamente solucionada a controvérsia, desde que o consumidor haja notificado a administradora do cartão com antecedência de pelo menos 10 (dez) dias contados da data de vencimento da fatura, vedada a manutenção do valor na fatura seguinte e assegurado ao consumidor o direito de deduzir do total da fatura o valor em disputa e efetuar o pagamento da parte não contestada, podendo o emissor lançar como crédito em confiança o valor idêntico ao da transação contestada que tenha sido cobrada, enquanto não encerrada a apuração da contestação;
II - recusar ou não entregar ao consumidor, ao garante e aos outros coobrigados cópia da minuta do contrato principal de consumo ou do contrato de crédito, em papel ou outro suporte duradouro, disponível e acessível, e, após a conclusão, cópia do contrato;
III - impedir ou dificultar, em caso de utilização fraudulenta do cartão de crédito ou similar, que o consumidor peça e obtenha, quando aplicável, a anulação ou o imediato bloqueio do pagamento, ou ainda a restituição dos valores indevidamente recebidos.
§ 1º Sem prejuízo do dever de informação e esclarecimento do consumidor e de entrega da minuta do contrato, no empréstimo cuja liquidação seja feita mediante consignação em folha de pagamento, a formalização e a entrega

da cópia do contrato ou do instrumento de contratação ocorrerão após o fornecedor do crédito obter da fonte pagadora a indicação sobre a existência de margem consignável.
§ 2º Nos contratos de adesão, o fornecedor deve prestar ao consumidor, previamente, as informações de que tratam o art. 52 e o caput do art. 54-B deste Código, além de outras porventura determinadas na legislação em vigor, e fica obrigado a entregar ao consumidor cópia do contrato, após a sua conclusão.

É necessária uma ressalva quanto ao §1º, que trata da margem consignável. A margem consignável, conforme definido pelo Banco Central, refere-se ao valor máximo que pode ser descontado do salário, benefício ou pensão para o pagamento de prestações de empréstimos consignados.

No que se refere aos limites, a Lei nº 14.509/2022, que dispõe sobre o percentual máximo aplicado às operações de crédito com desconto automático em folha de pagamento, estabelece o limite de 45% para a margem consignável. Desses, 5% são destinados exclusivamente à amortização de despesas contraídas por meio de cartão consignado de benefício ou para saque através desse tipo de cartão, conforme estipulado no inciso II, do art. 2º da referida lei.

A divisão dos percentuais, como explica o Banco Central, no caso dos subsídios de servidores públicos federais, segue a seguinte distribuição: 35% para empréstimo consignado, 5% para cartão de crédito consignado e 5% para cartão consignado de benefício.

Os percentuais previstos pela Lei nº 14.431/2022 aplicam-se a empregados regidos pela Consolidação das Leis do Trabalho (CLT), segurados do regime próprio de previdência social dos servidores públicos federais, servidores públicos federais, segurados do Regime Geral de Previdência Social (RGPS) e beneficiários de benefícios de prestação continuada e programas federais de transferência de renda.

A reserva de margem consignável para empréstimos é frequentemente utilizada por servidores públicos, uma vez que a reserva incide sobre valores recebidos mensalmente de forma fixa e líquida, excluindo bonificações extraordinárias. Embora possa ser considerada prejudicial por alguns devedores, a reserva de margem existe para proteger aqueles que não têm controle sobre suas finanças, atuando como um mecanismo de proteção contra o superendividamento. Dessa forma, a margem consignável desempenha um papel crucial na contenção dos impulsos dos consumidores ao buscarem novas dívidas. Além disso, uma das vantagens desse tipo de crédito é a aplicação de juros mais baixos, já que há uma garantia de pagamento devido aos descontos em folha.

Conforme demonstrado, a lei do superendividamento possui uma natureza dúplice. No âmbito preventivo, observamos o conteúdo do Capítulo VI-A. No entanto, no que concerne ao tratamento das dívidas, o Capítulo V aborda tanto o processo de repactuação extrajudicial ou conciliatório (art. 104-A), quanto, em caso de insucesso na autocomposição, a instauração do processo de superendividamento e a repactuação das dívidas (art. 104-B).

O art. 104-A, como se observa, trata da possibilidade de resolver, de forma amigável, a situação de superendividamento de um consumidor junto à totalidade de seus credores. Embora a ideia pareça simples à primeira vista, a norma contempla uma série de especificidades e critérios a serem atendidos, que tornam o processo mais complexo. A finalidade da inovação legislativa é claramente exposta por Bruno Miragem, Cláudia Lima Marques e Herman Benjamim (2021, p. 1826):

> "*O objetivo do processo de conciliação em bloco previsto na norma é o de favorecer a possibilidade real de renegociação e adimplemento das dívidas pelo consumidor, ao criar procedimento que incentiva a participação de todos os credores para uma solução global, em detrimento da realidade anterior na qual, ao ter que negociar individualmente, levava a impossibilidade de um acordo que permitisse o efetivo pagamento e recuperação.*"

Inicialmente, cabe ao consumidor solicitar, e ao magistrado decidir pela instauração do processo de repactuação, a fim de realizar uma audiência conciliatória, conhecida como conciliação em bloco, que constitui a etapa inicial do procedimento de resolução do superendividamento prevista pela lei. Na sequência, uma vez presentes todos os credores (um requisito indispensável para o prosseguimento), o credor deverá apresentar uma proposta de plano de pagamento com prazo máximo de cinco anos, assegurando a preservação do mínimo existencial do consumidor, bem como a manutenção das garantias e formas de pagamento originalmente pactuadas.

É importante ressaltar que essa audiência conciliatória também pode ocorrer de forma extrajudicial, por intermédio dos órgãos que integram o Sistema Nacional de Defesa do Consumidor, conforme previsão no art. 104-C da legislação, que será abordado posteriormente. Assim, destacam-se alguns requisitos essenciais: aparticipação de todos os credores do devedor (exceto aqueles que, por determinação legal, estão excluídos da repactuação), a apresentação de um plano de pagamento, a observância do prazo máximo de adimplemento de cinco anos, e a garantia da preservação do mínimo

existencial do devedor, além das garantias e condições inicialmente contratadas.
A conciliação em bloco visa proporcionar ao consumidor uma solução mais adequada para a quitação de suas obrigações financeiras, respeitando o princípio da preservação do mínimo existencial e a manutenção de sua dignidade. Não há, portanto, qualquer intenção de exonerar o endividado de suas responsabilidades; ao contrário, o objetivo é viabilizar o pagamento das dívidas de maneira que o devedor possa continuar a viver com dignidade enquanto cumpre suas obrigações financeiras.

Ademais, nos termos do §1º, são excluídos do processo referido no caput os contratos celebrados de forma dolosa, sem a intenção de cumprir as obrigações, bem como dívidas decorrentes de contratos de crédito com garantia real, financiamentos imobiliários e crédito rural, ainda que oriundos de relações de consumo.

Os Estudos da I e II Jornada de Pesquisa CDEA esclarecem as distinções em relação a essas restrições, destacando os critérios específicos que definem quais obrigações podem ser objeto de repactuação e quais se encontram fora do escopo da norma, enfatizando o compromisso da legislação em proporcionar um tratamento justo e equilibrado ao consumidor superendividado.

> "*[...] as dívidas provenientes de contratos de crédito com garantia real, de financiamentos imobiliários e de crédito rural" podem estar incluídas no capítulo da prevenção, se 'decorrentes de relações de consumo', mas não no tratamento pela conciliação e planos de pagamento. Obviamente serão consideradas para verificar o superendividamento geral do consumidor, mas não no plano de pagamento conciliado, o que é uma pena. De outro lado, se o credor com garantia real, o de financiamento imobiliário e de crédito rural aceitar participar da conciliação com o consumidor e os demais credores, neste caso, -até porque é conciliação – parece-me que pode haver conciliação e plano de pagamento que inclua estas dívidas (Art. 104-A), que estão totalmente excluídas do plano judicial (art. 104-B). A prática do artigo dirá se a inclusão de tantas exceções foi sábia.*" (MARQUES, RANGEL, 2022, p. 14)

O §2º impõe uma sanção aos credores que não comparecerem à audiência de conciliação. Tendo em vista que o objetivo primordial é promover a conciliação e viabilizar o pagamento das dívidas, a ausência injustificada dos credores acarreta penalidades, tais como a suspensão da exigibilidade do débito e a interrupção dos encargos moratórios. Além disso, o credor ausente fica sujeito compulsoriamente ao plano de pagamento da dívida, desde que o valor devido seja certo e conhecido pelo consumidor, e o pagamento ao credor ausente ocorrerá somente após o pagamento aos credores presentes na audiência conciliatória.

Assim, a lei evidencia que a medida inicial para a resolução do litígio, a conciliação, é o método preferencial para resolver conflitos. Quando os credores deixam de comparecer, são penalizados pela impossibilidade que impõem ao consumidor de cumprir suas obrigações de uma forma mais equitativa e justa. Os credores ausentes assumem os ônus decorrentes de sua inação, uma vez que as medidas previstas são severas e impactam diretamente o montante a ser recebido.

Por outro lado, caso a conciliação seja bem-sucedida, mesmo que apenas com um dos credores, a sentença que homologar o acordo deverá contemplar o plano de pagamento da dívida, o qual terá eficácia de título executivo e força de coisa julgada.

O §4º, por sua vez, especifica os requisitos que o plano de pagamento deve atender, incluindo a adoção de medidas que dilatem os prazos de pagamento, reduzam os encargos da dívida ou a remuneração do fornecedor, entre outras ações voltadas a facilitar o pagamento. O plano também deve prever a suspensão ou extinção das ações judiciais em curso, estipular a data para a exclusão do consumidor dos cadastros de inadimplentes, e condicionar tais efeitos à abstenção de práticas que possam agravar a situação de superendividamento do consumidor.

Embora tais condições sejam estabelecidas, o objetivo não é impedir ou dificultar a realização do acordo. Pelo contrário, as recomendações do §4º visam garantir que o plano de pagamento seja equilibrado e exequível, respeitando as limitações financeiras do devedor, sem desconsiderar o crédito do credor. A previsão de redução de encargos e a suspensão de ações judiciais são exemplos de como se busca proporcionar ao consumidor um alívio mínimo, permitindo-lhe cumprir o que foi pactuado.

Ressalta-se que, o §5º, já discutido anteriormente no contexto da distinção sobre insolvência civil, esclarece que o pedido de repactuação não resulta em declaração de insolvência civil e somente poderá ser renovado após dois anos da quitação das obrigações previstas no plano de pagamento homologado, sem prejuízo de uma eventual nova repactuação.

No que tange às alterações específicas relacionadas ao Estatuto do Idoso (Lei nº 10.741/2003), cumpre destacar que, além do já mencionado no que se refere ao processo de superendividamento e algumas de suas particularidades aplicáveis a essa camada de consumidores, a Lei nº 14.181/2021 trouxe uma relevante inovação ao estabelecer que "não constitui crime a negativa de crédito motivada por superendividamento do idoso" (art. 96, §3º). Embora essa disposição tenha sido alvo de amplas críticas, o seu objetivo não é, como alguns detratores sugerem, impedir ou limitar o acesso do idoso ao crédito. Muito pelo contrário.

A inclusão do §3º está alinhada ao espírito protetivo da legislação e visa garantir o acesso ao crédito de forma responsável, assegurando uma proteção mais eficaz aos consumidores hipervulneráveis, como os idosos, que já se encontram em condições de superendividamento. A intenção é evitar que esses indivíduos sejam colocados em uma situação financeira ainda mais adversa, agravando sua precariedade. Dessa forma, o propósito da norma é claramente de proteção, e não de exclusão, ao buscar resguardar os consumidores idosos contra práticas que possam exacerbar sua vulnerabilidade econômica e comprometer ainda mais sua dignidade.

A previsão contida no §3º é, portanto, um mecanismo de prevenção ao endividamento excessivo, preservando os direitos fundamentais dos idosos e promovendo um equilíbrio adequado nas relações de consumo. Ao se proibir que a negativa de crédito motivada pelo superendividamento seja considerada um ato ilícito, o legislador reconhece a necessidade de resguardar o mínimo existencial desses consumidores, impedindo que sejam levados a assumir dívidas que comprometam sua subsistência e bem-estar. Trata-se de um dispositivo que reafirma o compromisso do ordenamento jurídico com a dignidade da pessoa humana, sobretudo daqueles em condição de hipervulnerabilidade, estabelecendo uma barreira contra a exploração financeira dos idosos e promovendo um acesso ao crédito que seja compatível com suas reais possibilidades e limitações.

5.1.5.1.1. Obstáculos à aplicação da nova lei

Os desafios decorrentes da nova legislação de proteção ao superendividado são multifacetados, especialmente no que tange ao funcionamento dos Núcleos de Atendimento ao Superendividado (NAS) e à democratização do acesso ao crédito. Estes desafios refletem tanto dificuldades de implementação prática das normas quanto limitações estruturais e legais para que os objetivos previstos na Lei nº 14.181/21 sejam efetivamente alcançados.

No âmbito dos NAS, as Defensorias Públicas desempenham um papel essencial ao facilitar a renegociação das dívidas, especialmente considerando que o aparato jurídico e estrutural das Defensorias lhes confere a capacidade técnica e logística para assistir a população superendividada. Essas Defensorias têm se constituído como os principais órgãos encarregados de aplicar as normas de renegociação previstas na nova legislação, lidando diretamente com as adversidades emergentes na tentativa de concretizar os direitos garantidos pela Lei nº 14.181/21.

Todavia, o cumprimento dos critérios para a renegociação de dívidas, conforme estabelecido pela nova legislação, tem demonstrado ser uma tarefa desafiadora. A norma impõe que a proposta de pagamento parcelado, incluindo pelo menos o valor principal atualizado da dívida, seja realizada em até sessenta meses e de forma que não prejudique a subsistência mínima do devedor. Contudo, o relato do Dr. Antônio Carlos Cintra, Defensor Público e Vice-Coordenador da CONDEGE, durante a 8ª Semana Nacional de Educação Financeira, ele afirmou que "*a maioria dos casos de superendividamento que atendemos não se encaixa nessas possibilidades (da nova legislação), não conseguimos aplicá-las*".

O relato do Vice-Coordenador evidencia que, embora a legislação tenha sido idealizada como um mecanismo de assistência financeira e justiça social, sua eficácia tem se mostrado limitada diante da realidade financeira da população superendividada. Muitas vezes, a renda dos superendividados não é suficiente para assegurar a subsistência mínima ao mesmo tempo em que se quita o valor atualizado da dívida no prazo previsto pela legislação.

Dessa forma, a tentativa de garantir o equilíbrio entre o mínimo existencial e o pagamento do valor da dívida acaba se tornando impraticável em muitos casos.
Como resultado dessa impossibilidade, a judicialização das demandas se torna uma das alternativas mais viáveis para a população superendividada. O recurso à insolvência civil emerge como uma solução quando as condições de renegociação previstas na Lei nº 14.181/21 não se mostram acessíveis. No entanto, cabe salientar que o entendimento dos magistrados é, em regra, no sentido de que a insolvência civil deve ser utilizada apenas quando há um processo judicial prévio de cobrança do credor.

Ademais, a complexidade do cálculo do valor do débito principal, considerando pagamentos realizados e saldos devedores em aberto, bem como o tempo necessário para que as instituições financeiras forneçam essas informações, tornam a insolvência um caminho oneroso e prolongado para os devedores.

Nesse contexto, a legislação anterior, relativa à insolvência civil, continua a ser aplicada como a única alternativa possível para a repactuação de débitos, uma vez que as condições impostas pela nova legislação frequentemente se revelam inalcançáveis para o devedor que se encontra em situação de fragilidade financeira. Dessa maneira, mesmo que a nova legislação tenha a intenção louvável de promover a recuperação financeira e reintegração do devedor ao mercado de consumo, sua aplicação efetiva é limitada e insuficiente para solucionar a maior parte dos casos concretos.

Outro aspecto crucial a ser analisado em relação aos desafios apresentados pela nova legislação concerne ao impacto da democratização do acesso ao crédito como fator de risco econômico. A expansão do crédito ao consumo, incentivada por políticas de fomento ao consumo, está intimamente ligada ao fenômeno do superendividamento, o qual decorre da junção de fatores como a imprudência na concessão de crédito, a ausência de educação financeira adequada e o apelo do consumo exacerbado. Este cenário cria condições em que muitos indivíduos acabam por comprometer suas rendas sem considerar as consequências de longo prazo, colocando-os em uma situação de endividamento crônico e vulnerabilidade econômica.

Não obstante, a restrição ao acesso ao crédito como uma solução ao superendividamento também deve ser analisada com cautela. O crédito, quando usado de maneira adequada, pode ser um importante fator de desenvolvimento pessoal e econômico. A questão central reside, portanto, na necessidade de uma abordagem equilibrada que permita a ampliação do acesso ao crédito, mas que também assegure que tal acesso seja exercido de maneira consciente e responsável.

A crítica "Política do Novo Recomeço" (Fresh Start Policy), amplamente adotada nos Estados Unidos, pode ser um referencial interessante para enfrentar o problema do superendividamento. Esse modelo prevê o perdão parcial ou total das dívidas, limitando a responsabilidade do devedor ao seu patrimônio atual, de modo que apenas pagará aquilo que for exequível dentro das suas possibilidades reais. Assim, a responsabilidade pelos riscos do crédito é mitigada, de forma ponderada, entre credores e devedores, o que se alinha ao fato de que a atividade creditícia é inerentemente arriscada.

O código de consumo francês fornece outra perspectiva interessante ao dispor, em seu artigo L330-1, que a situação de superendividamento não está restrita apenas à incapacidade de pagamento, mas à manifesta impossibilidade de um devedor de boa-fé saldar suas dívidas, sejam elas exigíveis ou vincendas. Esse conceito alarga a compreensão do fenômeno, apontando que nem sempre o endividamento excessivo resulta de uma conduta imprudente do consumidor; muitas vezes decorre de situações alheias ao seu controle, como a perda do emprego, problemas de saúde ou outras contingências da vida.

Portanto, o superendividamento não pode ser analisado apenas sob a ótica da concessão irresponsável de crédito ou do consumo desenfreado. A solução desse problema demanda um esforço conjunto de educação financeira, regulação prudente do crédito e de um sistema legal que, de um lado, permita a renegociação justa das dívidas e, de outro, assegure a dignidade do devedor, garantindo-lhe o mínimo existencial e a possibilidade de reinserção no mercado econômico e financeiro de forma sustentável.

5.1.5.2. Jurisprudência do Tribunal de Justiça do Estado de Rondônia frente a Lei n° 14.181/2021

No contexto específico do estado de Rondônia e da atuação do Poder Judiciário local, o presente estudo visa a examinar de forma detalhada como o Tribunal de Justiça de Rondônia - TJRO tem implementado as inovações normativas trazidas pela recente legislação, com ênfase na análise de casos concretos e na postura jurisprudencial adotada pelo órgão em suas decisões. Busca-se verificar, assim, a resposta jurisdicional às inovações normativas em situações práticas, oferecendo uma visão abrangente e crítica sobre a aplicação da legislação no contexto rondoniense.

Inicialmente, constata-se que os principais questionamentos judiciais emergentes envolvem a possibilidade de concessão da gratuidade de justiça, bem como a concessão de tutelas de urgência voltadas à suspensão da exigibilidade de débitos e/ou à redução dos montantes descontados mensalmente dos proventos dos indivíduos superendividados. Essas discussões decorrem da interpretação da nova norma, que, em muitas ocasiões, revela-se omissa no que diz respeito a esses pontos específicos, exigindo do Judiciário um papel ativo e criativo na adaptação das disposições normativas às realidades dos jurisdicionados.

A análise da jurisprudência do Tribunal de Justiça de Rondônia, realizada a partir de consultas ao sítio eletrônico do órgão, particularmente na seção "Consultas de Jurisprudência", permitiu avaliar decisões relativas à aplicação da nova legislação. Observa-se que, não obstante a omissão legislativa em fornecer diretrizes claras quanto à concessão de gratuidade de justiça e à suspensão da exigibilidade de débitos, o TJRO, desde o ano de 2022, tem se posicionado de maneira favorável ao deferimento dessas medidas, bem como à manutenção de decisões concessivas de tutelas provisórias. Tal postura evidencia a atuação proativa do Tribunal em garantir a efetividade dos direitos contemplados pela legislação.

A gratuidade de justiça, em especial, tem se revelado um instrumento fundamental na atuação do TJRO para assegurar o acesso à justiça aos indivíduos em situação de vulnerabilidade econômica, permitindo que tais pessoas usufruam dos direitos garantidos pela nova norma.

O Tribunal, em suas decisões, tem reiterado que a concessão da gratuidade de justiça deve ocorrer sempre que for comprovada a incapacidade financeira do requerente de arcar com os custos processuais sem comprometer a sua própria subsistência. Tal posicionamento está em plena consonância com os princípios constitucionais do acesso à justiça e da dignidade da pessoa humana, os quais são pilares essenciais da ordem jurídica brasileira.

No tocante à concessão de tutelas de urgência para a suspensão da exigibilidade de débitos ou para a redução dos valores descontados dos proventos dos endividados, o TJRO tem enfatizado a necessidade de analisar o risco de dano irreparável ou de difícil reparação ao indivíduo. A jurisprudência recente revela que, em diversos casos, o Tribunal tem se posicionado no sentido de suspender os descontos em folha de pagamento ou de reduzir os valores descontados, desde que tais providências sejam indispensáveis para assegurar a subsistência do devedor e de seus dependentes. Esse entendimento reflete uma preocupação contínua do Judiciário em preservar o mínimo existencial, o que está em consonância com os princípios subjacentes à nova legislação.

Portanto, a despeito da omissão legislativa em relação aos pontos anteriormente mencionados, o Tribunal de Justiça de Rondônia, ao interpretar e aplicar a nova norma, tem adotado uma postura que busca garantir a proteção dos direitos dos superendividados, priorizando a dignidade da pessoa humana e o acesso efetivo à justiça.

O deferimento das tutelas de urgência e da gratuidade de justiça pelo TJRO evidencia uma atuação sensível e humanizada, que leva em consideração a realidade socioeconômica dos indivíduos em situação de vulnerabilidade financeira. Dessa forma, a aplicação da legislação pelo Tribunal visa assegurar que os objetivos principais da norma sejam efetivamente alcançados na prática, promovendo uma justiça mais inclusiva e eficaz.

O Tribunal de Justiça de Rondônia, em sede do Agravo de Instrumento n° 0809051-47.2022.822.0000, ao realizar a análise dos requisitos previstos no art. 300 do Código de Processo Civil, manteve a decisão que deferiu a tutela provisória, determinando a suspensão das cobranças das parcelas discutidas até a realização da audiência de conciliação para a apresentação e eventual homologação do plano

de pagamento. Esta decisão demonstra a preocupação do TJRO em assegurar a observância dos princípios que norteiam o processo civil contemporâneo, em especial a proteção do mínimo existencial e a promoção da dignidade da pessoa humana, especialmente em situações de superendividamento.

É relevante destacar que, no referido caso, o Tribunal reconheceu a boa-fé da consumidora, que, desde a petição inicial, apresentou um plano de pagamento, demonstrando não apenas disposição em adimplir suas obrigações, mas também um comportamento cooperativo, o qual é essencial para o desenvolvimento processual saudável e justo. A conduta da consumidora reflete a sua intenção de cumprir com os compromissos financeiros, ainda que de forma ajustada às suas possibilidades econômicas, o que denota responsabilidade e compromisso para com os credores.

O Tribunal, ao manter a decisão de tutela provisória, atentou-se também para a necessidade de resguardar as condições mínimas de subsistência da agravada, garantindo-lhe o acesso ao mínimo existencial. Tal postura está em perfeita consonância com os princípios constitucionais da dignidade da pessoa humana e da função social do crédito, evitando que as medidas de cobrança comprometam as necessidades básicas da parte devedora.

A decisão, portanto, não apenas visa equilibrar a relação entre credores e devedores, mas também reforça o papel do Judiciário como garantidor dos direitos fundamentais, em especial no contexto de hipossuficiência econômica.

Além disso, a manutenção da tutela antecipada até a realização da audiência de conciliação revela a intenção do Tribunal de promover soluções consensuais, estimulando o diálogo entre as partes e a construção de acordos que atendam aos interesses de ambas. O incentivo à conciliação e à mediação é uma das diretrizes fundamentais do processo civil brasileiro, que busca não apenas a resolução de conflitos, mas também a pacificação social e a efetividade dos direitos materiais envolvidos. Nesse sentido, a homologação de um plano de pagamento consensual contribui para a estabilização da relação jurídica e minimiza os impactos negativos do superendividamento sobre a vida do consumidor:

> *EMENTA: Agravo de instrumento. Ação de repactuação de dívidas. Tutela de urgência.Suspensão dos descontos. Possibilidade. Requisitos preenchidos. Recurso provido. Visando à garantia do mínimo existencial e dignidade da pessoa é possível a suspensão das parcelas até a homologação do plano de pagamento, caso a dívida assim permita. AGRAVO DE INSTRUMENTO, Processo nº 0809051-47.2022.822.0000, Tribunal de Justiça do Estado de Rondônia, 2ª Câmara Cível, Relator (a) do Acórdão: Des. Isaias Fonseca Moraes, Data de julgamento: 09/03/2023*

Assim, a decisão do TJRO demonstra uma interpretação sensível e contextualizada das normas processuais e materiais aplicáveis, priorizando a manutenção da dignidade da parte devedora e a preservação de suas condições de vida. Ao considerar a boa-fé da consumidora, o Tribunal reforça a importância da conduta colaborativa no processo, enquanto, ao garantir o mínimo existencial, assegura que a execução dos débitos não se sobreponha aos direitos fundamentais da pessoa humana. Essa abordagem revela um Judiciário comprometido com a justiça social e com a aplicação efetiva das inovações legislativas destinadas à proteção dos superendividados, alinhando-se aos objetivos da legislação recente no sentido de proporcionar uma solução justa e equilibrada para as partes envolvidas.

Prosseguindo com a análise das manifestações jurisprudenciais do Tribunal de Justiça de Rondônia (TJRO) no contexto das ações de superendividamento, faz-se necessário destacar a decisão proferida na Apelação nº 7003975-13.2023.8.22.0002, a qual aborda a questão da competência para o processamento e julgamento dessas demandas. O TJRO, ao examinar o referido caso, evidenciou sua preocupação com a definição precisa da competência jurisdicional, um aspecto crucial para assegurar a adequada tramitação processual e a efetividade da tutela jurisdicional destinada aos consumidores em situação de superendividamento.

O Tribunal ponderou que as ações relacionadas ao superendividamento devem ser processadas e julgadas perante juízos que detenham competência específica para tratar de questões consumeristas e de proteção ao mínimo existencial. Tal entendimento fundamenta-se no reconhecimento da especialidade e da complexidade envolvidas na análise de casos de superendividamento, que demandam uma abordagem sensível e especializada, não apenas quanto aos aspectos técnicos do direito do consumidor, mas também em relação ao contexto socioeconômico do devedor.

Nesse sentido, o TJRO ressaltou que o foro competente deve ser aquele que melhor assegure a plena observância dos direitos fundamentais do devedor, em particular os direitos à dignidade e à subsistência, bem como a função social do crédito.

A definição da competência, portanto, deve levar em consideração a possibilidade de um julgamento mais célere e eficaz, garantindo que o magistrado disponha dos instrumentos necessários para aplicar a legislação de modo a assegurar a efetiva proteção do consumidor. Ao decidir a apelação, o Tribunal buscou alinhar a aplicação das regras processuais aos princípios protetivos insculpidos no Código de Defesa do Consumidor, bem como às disposições específicas da Lei nº 14.181/2021, que visa proteger o consumidor em situação de vulnerabilidade econômica.

Ademais, o Tribunal destacou que a competência para processar e julgar ações de superendividamento deve considerar a necessidade de uma atuação jurisdicional que esteja em consonância com os objetivos da nova legislação, sobretudo no que diz respeito à promoção do equilíbrio nas relações contratuais e à garantia do mínimo existencial ao devedor. Dessa forma, o Tribunal reafirmou que a competência para tais ações deve ser atribuída preferencialmente às Varas Cíveis especializadas em matérias consumeristas, tendo em vista que esses órgãos jurisdicionais possuem maior aptidão para compreender a complexidade das relações de consumo e os aspectos econômicos envolvidos no superendividamento.

A decisão proferida pelo TJRO na Apelação nº 7003975-13.2023.8.22.0002 reflete uma interpretação robusta das normas processuais, especialmente no que se refere ao direito do consumidor. A fixação da competência para o julgamento das ações de superendividamento em Varas especializadas visa assegurar que as peculiaridades do superendividamento sejam analisadas com o devido rigor, considerando não apenas os aspectos jurídicos, mas também o impacto social e econômico dessas decisões sobre a vida dos consumidores. A especialização dos juízos permite uma análise mais aprofundada das condições do consumidor e das possibilidades de renegociação, garantindo que as soluções apresentadas estejam em conformidade com os direitos fundamentais e com os objetivos da legislação:

> *EMENTA: Apelação cível. Ação de repactuação de dívidas. Superendividamento. Concurso de credores. Caixa Econômica Federal no polo passivo da ação. Competência da Justiça Estadual. Recurso provido. Cabe à Justiça Estadual julgar as demandas de repactuação de dívidas decorrentes do superendividamento do consumidor, ainda que haja interesse de ente federal em concurso de credores. APELAÇÃO CÍVEL, Processo nº*

> *7003975-13.2023.822.0002, Tribunal de Justiça do Estado de Rondônia, 2ª Câmara Cível, Relator (a) do Acórdão: Des. Isaias Fonseca Moraes, Data de julgamento: 20/11/2023*

Assim, a manifestação do TJRO acerca da competência para o processamento e julgamento das ações de superendividamento revela um compromisso com a efetividade dos direitos consumeristas e com a garantia da dignidade dos devedores em situação de vulnerabilidade econômica. Ao definir que tais ações devem ser julgadas preferencialmente por juízos especializados, o Tribunal contribui para a concretização dos direitos previstos na Lei nº 14.181/2021, assegurando que a legislação cumpra seu papel de proteção ao consumidor e de promoção da justiça social.

Essa decisão evidencia a importância da definição adequada da competência como instrumento para garantir a proteção efetiva do consumidor superendividado, reforçando o papel do Poder Judiciário

na construção de um sistema de justiça verdadeiramente acessível e inclusivo.
O Tribunal de Justiça de Rondônia fez referência à adoção do entendimento estabelecido pelo Superior Tribunal de Justiça nos autos do Conflito de Competência n. 194.339. Assim, restou consolidada a competência para o julgamento dos processos de superendividamento, estabelecendo que a Justiça Comum é sempre a responsável por tais demandas, não havendo justificativa para deslocamento da competência para a Justiça Federal, mesmo quando uma das partes envolvidas seja uma empresa pública federal, como a Caixa Econômica Federal. Nesse sentido, também se posicionou o Agravo de Instrumento n° 0809908-93.2022.822.0000.

Ainda, cabe destaque à forma como o TJRO passou a aplicar o entendimento previsto na Lei n° 14.181/2021, conforme se observa no julgado da Apelação n° 7080979-66.2022.822.0001:

> *EMENTA: O procedimento de repactuação de dívida ante ao superendividamento do consumidor este deve apresentar, na inicial, os credores e demonstrar sua incapacidade financeira de adimplemento, devendo o plano de pagamento ser apresentado na audiência conciliatória. Não há necessidade de apresentação do contrato, no feito em que o consumidor busca a repactuação por superendividamento, pois este não está em discussão. APELAÇÃO CÍVEL, Processo nº 7080979- 66.2022.822.0001, Tribunal de Justiça do Estado de Rondônia, 2ª Câmara Cível, Relator (a) do Acórdão: Des. Isaias Fonseca Moraes, Data de julgamento: 26/07/2023*

O juízo de primeiro grau julgou improcedente o pleito inaugural e extinguiu sem resolução do mérito sob fundamento de que a parte autora/apelante deixou de cumprir determinação do juízo ao não trazer aos autos documentos essenciais ao julgamento. Todavia, a Corte se manifestou no sentido de:

> *"[...] o autor deve apenas apontar a existência da dívida, dizer quem é o credor que, poderá apresentar o contrato oportunamente. Analisando os elementos existentes dos autos, observa-se que a petição inicial não está acompanhada dos*

> *contratos objeto da demanda, tampouco do plano de pagamento. Todavia, como salientado acima, não há impedimento de o juízo determinar a realização da audiência conciliatória, se os credores foram indicados, independente da apresentação do contrato, pois o plano de pagamento deve ser apresentado nesta cerimônia. Dessa forma, sendo prematura a extinção, impõe-se o acolhimento recursal para retorno dos autos à origem, a fim de exibição incidental dos contratos mencionados na inicial, e, após, a apresentação da proposta de plano de pagamento pelo apelante, visando a designação de audiência conciliatória prevista no art. 104-A do CDC, introduzida pela Lei n. 14.181/21.*"

A posição adotada pelo TJRO no referido acórdão reflete fielmente o propósito fundamental da Lei n° 14.181/2021. É amplamente reconhecido que, caso a parte autora não cumpra, desde o início, as determinações judiciais para a adequação da petição inicial e dos documentos anexos, a consequência usual é o indeferimento da petição.

No entanto, vale destacar que, o magistrado, ao proferir a decisão em questão, buscou assegurar a primazia da solução do mérito e a efetiva proteção do consumidor na relação jurídica em análise. Assim, ao permitir o prosseguimento do feito, mesmo na ausência dos contratos em discussão, o Tribunal possibilitou a realização da fase de conciliação e a elaboração do plano de pagamento com base nas informações disponíveis ao consumidor naquele momento.

O Tribunal de Justiça do Estado de Rondônia vem, progressivamente, aplicando a nova legislação em diversos de seus aspectos, consolidando a jurisprudência sobretudo nos pontos em que a norma apresenta lacunas. Tal análise reveste-se de extrema importância, uma vez que, dada a natureza inovadora e recente da legislação, é previsível que surjam questionamentos e divergências em sua interpretação e aplicação, tanto em âmbito estadual quanto nacional. Assim, o exame das decisões judiciais neste estágio inicial torna-se imprescindível para compreender os critérios hermenêuticos que os tribunais adotarão em suas manifestações e qual será o enfoque dado aos princípios subjacentes à norma.

No momento da promulgação da Lei nº 14.181/2021, houve certa resistência por parte dos operadores do direito, principalmente em razão de uma interpretação equivocada que sugeria que a norma teria como objetivo desobrigar os devedores de suas responsabilidades. Todavia, com o decorrer do tempo e o aprofundamento dos estudos jurídicos sobre o tema, tornou-se evidente uma mudança significativa na percepção dos magistrados e dos advogados que atuam em ações de superendividamento. Embora a legislação esteja em vigor por apenas cerca de três anos, o que constitui um período relativamente curto, já é possível observar uma adaptação gradual e uma aplicação mais consistente de seus dispositivos.

Embora alguns aspectos da norma já tenham sido objeto de análise pelo TJRO, é importante destacar que, no que tange à segunda fase do processo (repactuação da dívida contenciosa), ainda não há acórdãos publicados sobre o tema. Essa ausência pode ser atribuída não apenas ao curto período de vigência da legislação, mas também à complexidade e morosidade intrínsecas à fase contenciosa.

Quando não há acordo entre as partes e se inicia o processo de repactuação, a nomeação de um administrador e a elaboração de um plano de pagamento que abranja todas as especificidades necessárias, com observância do contraditório e da ampla defesa, inevitavelmente tornam a tramitação processual mais lenta, demandando tempo até que resultados possam ser efetivamente observados.

Ainda assim, algumas disposições da lei não podem ser consideradas plenamente implementadas. Um exemplo é a determinação prevista no art. 5º, VII, da Lei nº 14.181/2021, que estabelece a criação de núcleos de conciliação e mediação para dirimir conflitos decorrentes do superendividamento, além da Recomendação nº 125 do Conselho Nacional de Justiça (CNJ). Embora tais previsões não possuam caráter cogente, elas evidenciam a preocupação dos legisladores e do Judiciário em materializar o que foi preconizado na norma, garantindo, assim, a efetividade de suas inovações.

No âmbito do TJRO, a Resolução nº 214/2021 tratou da criação do 1º Núcleo de Justiça 4.0 do Poder Judiciário do Estado de Rondônia, destinado ao processamento e julgamento de matérias relativas ao superendividamento, envolvendo como parte passiva empresas prestadoras de serviços públicos, observando o limite de valores dos juizados especiais cíveis e com abrangência sobre toda a jurisdição do estado. Posteriormente, por meio do Ato nº 662/2021, foi publicado um edital visando à seleção de magistrados para integrar o referido núcleo.

Contudo, um ano após a publicação da referida resolução, foi editado o Ato Conjunto n. 022/2021-PR-CGJ, que alterou a competência do 1º Núcleo de Justiça 4.0, passando a especializá-lo em demandas judiciais relacionadas a execuções fiscais estaduais e municipais. Inicialmente, a intenção era implementar esses núcleos nos Juizados Especiais, mas, considerando a complexidade inerente aos casos de superendividamento, essa estratégia pode não ter sido a mais adequada no cenário atual.

Assim, para que os institutos da Lei nº 14.181/2021 e seus mecanismos inovadores sejam aplicados de maneira mais eficiente, é essencial que haja uma atenção especializada e específica em relação à matéria. Pode-se vislumbrar que, com a criação de núcleos especializados no Tribunal de Justiça de Rondônia ou com a instalação de grupos de trabalho no âmbito do Centro Judiciário de Solução de Conflitos e Cidadania (CEJUSC), as decisões judiciais terão maior plenitude e efetividade quanto ao cumprimento dos preceitos normativos.

Outra medida que ainda se encontra em fase incipiente é a implementação de conciliações nas sedes do PROCON/RO e nos Núcleos Especializados para Superendividados da Defensoria Pública de Rondônia. Tais órgãos possibilitam a tentativa de conciliação extrajudicial por meio de mutirões organizados pelas campanhas 'Renegocia', colaborando com o Judiciário no sentido de assegurar aos consumidores o acesso a uma solução adequada para suas dívidas.

5.1.6. Leis Estaduais de Rondônia direcionadas ao Direito do Consumidor

5.1.6.1. Lei n° 3.598/2015 - Lei do Troco

A Lei nº 3.598/2015, popularmente denominada "Lei do Troco", representa um marco significativo na proteção dos direitos dos consumidores, especialmente no que se refere à dignificação da pessoa humana nas transações comerciais. Ao impor a obrigatoriedade de fornecimento do troco integral, essa legislação assegura que os consumidores sejam tratados com respeito e dignidade, evitando práticas que possam causar prejuízos ou forçá-los a aceitar alternativas indesejadas. No estado de Rondônia, a Lei do Troco adquire especial relevância devido às particularidades econômicas e culturais da região, onde muitos consumidores enfrentam desafios no acesso a recursos financeiros e serviços bancários.

Sob o prisma jurídico, a Lei do Troco expressa o princípio da boa-fé objetiva, fundamental para as relações de consumo, conforme preconizado pelo Código de Defesa do Consumidor (Lei nº 8.078/1990). Esse princípio exige que as partes envolvidas ajam com lealdade e transparência, de modo a garantir que o consumidor seja tratado com dignidade e que suas expectativas sejam atendidas sem constrangimentos. A obrigação de fornecer troco exato, portanto, não se trata apenas de uma exigência administrativa, mas de um compromisso ético e jurídico com a justiça nas relações de consumo.

No contexto específico de Rondônia, caracterizado pela prevalência de pequenos estabelecimentos comerciais e pelo uso frequente de dinheiro em espécie, a implementação da Lei do Troco possui implicações profundas para a dignificação dos consumidores. Em diversas regiões do estado, a indisponibilidade de troco exato é um problema recorrente que resulta em práticas abusivas, como a substituição de valores monetários por produtos de baixo valor, forçando o consumidor a aceitar uma equivalência que não atende às suas necessidades. A Lei do Troco visa coibir essas práticas, garantindo que os consumidores sejam respeitados em suas transações cotidianas. A legislação também reforça a necessidade de uma gestão financeira adequada por parte dos estabelecimentos comerciais, assegurando a disponibilidade de troco suficiente para atender aos consumidores.

Essa obrigação exige dos comerciantes um comportamento proativo, sob pena de sanções administrativas, como multas e autuações, aplicadas pelos órgãos de defesa do consumidor. Em Rondônia, o Procon tem desempenhado um papel crucial na fiscalização e garantia do cumprimento dessa lei, protegendo assim os direitos dos consumidores e promovendo a dignidade nas relações de consumo.

Sob a perspectiva social e econômica, a Lei do Troco desempenha um papel essencial na preservação do poder aquisitivo e na proteção dos cidadãos em situação de vulnerabilidade. Em um estado como Rondônia, onde uma parte significativa da população depende de pagamentos em espécie, a garantia do troco integral contribui diretamente para a manutenção da dignidade dos consumidores, evitando que práticas abusivas agravem as desigualdades existentes. A recusa em fornecer troco ou a imposição de mercadorias como substituição ao valor devido afeta desproporcionalmente aqueles em condições econômicas mais frágeis, comprometendo o princípio da igualdade material.

A Lei do Troco também se fundamenta no princípio da transparência nas relações de consumo, assegurando que os consumidores tenham plena compreensão dos valores envolvidos em suas transações e não sejam expostos a situações de constrangimento. Esse aspecto é particularmente relevante em localidades mais isoladas de Rondônia, onde o acesso ao judiciário é limitado e as relações de consumo são frequentemente informais.

A clareza e previsibilidade proporcionadas pela lei garantem que os consumidores sejam tratados com respeito, reforçando a dignidade da pessoa humana em todas as etapas da relação comercial.

No âmbito jurisprudencial, a Lei do Troco tem sido reconhecida como um instrumento eficaz de proteção ao consumidor, consolidando o entendimento de que o descumprimento dessa norma constitui uma prática abusiva, conforme previsto no artigo 39 do Código de Defesa do Consumidor. O Poder Judiciário, em reiteradas decisões, tem imposto sanções aos estabelecimentos infratores, buscando inibir condutas que violam os direitos dos consumidores e reforçar a dignidade nas transações comerciais.

Assim, a Lei nº 3.598/2015 é de extrema importância para Rondônia, tanto por assegurar a integridade das relações de consumo quanto por reforçar princípios fundamentais de respeito e dignidade ao consumidor. A implementação efetiva desta legislação requer uma atuação conjunta dos órgãos fiscalizadores, do Poder Judiciário e da sociedade civil, de modo a garantir que todos os cidadãos tenham seus direitos respeitados em suas transações comerciais. Em uma economia marcada pela predominância de transações em espécie e desigualdades sociais, como é o caso de Rondônia, a Lei do Troco é um instrumento fundamental para a promoção de um ambiente comercial mais justo, equitativo e digno para todos.

5.1.6.2. Lei n° 4.659; 4.660 e 4.661 de 26 de novembro de 2019 - Dispõe sobre fornecimento de energia elétrica

As Leis nº 4.659, 4.660 e 4.661, promulgadas em 26 de novembro de 2019, representam um marco regulatório importante na prestação de serviços de fornecimento de energia elétrica, essenciais para a consolidação de direitos e deveres no estado de Rondônia. Essas normas buscam assegurar a regularidade e a qualidade do fornecimento de energia, garantir os direitos dos consumidores e promover a fiscalização desse serviço essencial. O estudo dessas leis permite uma reflexão sobre os desafios e especificidades do setor energético na região, destacando a dignificação da pessoa humana como fundamento do direito administrativo e regulatório.

A Lei nº 4.659/2019 estabelece direitos dos consumidores frente à prestadora de energia elétrica, como a comunicação prévia em casos de interrupção programada. Essa exigência reflete o princípio da transparência, fundamental nas relações de consumo, conforme o Código de Defesa do Consumidor (Lei nº 8.078/1990). A previsibilidade nas relações contratuais é essencial para a proteção do consumidor, garantindo-lhe condições de planejamento e proteção contra arbitrariedades, em consonância com o princípio da dignidade da pessoa humana.

A Lei nº 4.660/2019 aborda a manutenção e fiscalização da infraestrutura energética, prevendo inspeções periódicas e manutenção preventiva dos equipamentos. A norma reflete um compromisso com a eficácia do serviço público, fundamentado no princípio da eficiência administrativa (art. 37 da Constituição Federal). A fiscalização visa evitar a precarização da infraestrutura elétrica, condição

indispensável para uma existência digna, sobretudo em regiões vulneráveis que dependem desse recurso.

A Lei nº 4.661/2019 trata das responsabilidades da concessionária quanto à indenização por danos causados por falhas no fornecimento. Ela prevê a reparação por danos materiais e morais em casos de interrupções não justificadas, alinhando-se ao princípio da responsabilidade objetiva do fornecedor (art. 14 do Código de Defesa do Consumidor). Assim, a dignidade da pessoa humana é protegida ao responsabilizar as concessionárias por falhas que impactam o bem-estar e atividades essenciais dos consumidores.

Essas leis são especialmente relevantes em Rondônia, considerando o contexto regional marcado pela extensão territorial e a presença de comunidades rurais e ribeirinhas com acesso limitado a serviços públicos essenciais. O fornecimento contínuo e de qualidade de energia elétrica é crucial para o desenvolvimento socioeconômico dessas comunidades, contribuindo para a educação, saúde e condições básicas de vida. A legislação busca equilibrar a relação entre consumidores e concessionárias, impondo responsabilidade às empresas, especialmente em regiões vulneráveis.

A análise dessas leis revela desafios para sua implementação, como a crescente demanda por energia e limitações de infraestrutura. A fiscalização eficaz e a garantia do cumprimento das normas são essenciais, com participação de órgãos como a ANEEL e o Procon.

Além disso, há necessidade de investimentos na modernização da rede elétrica para reduzir interrupções e melhorar a qualidade do serviço. Nesse contexto, a dignidade da pessoa humana se manifesta como elemento central, pois a melhoria da infraestrutura de energia visa assegurar uma vida digna e os direitos fundamentais da população.

As Leis nº 4.659, 4.660 e 4.661 reforçam a função social do serviço público de fornecimento de energia elétrica. O fornecimento de energia é um dever público que visa garantir condições dignas de vida e o exercício da cidadania. A inadequação no fornecimento de energia constitui violação ao princípio da dignidade da pessoa humana (art. 1º, inciso III, da Constituição Federal). O acesso regular e contínuo à energia é um direito fundamental, assegurando que a pessoa humana possa viver com dignidade e participar da vida social.

Em suma, as Leis nº 4.659, 4.660 e 4.661 configuram um avanço normativo para a garantia da qualidade e continuidade do fornecimento de energia elétrica em Rondônia. A implementação dessas normas depende da atuação integrada dos órgãos fiscalizadores, concessionária e sociedade civil, assegurando o respeito aos direitos dos consumidores e contribuindo para o desenvolvimento sustentável da região e a melhoria da qualidade de vida. Reafirma-se, assim, a centralidade do princípio da dignidade da pessoa humana como fundamento jurídico e diretriz ética na prestação de serviços públicos essenciais.

5.1.6.3. Lei nº 5.886 de 1 de outubro de 2024 - Permite às pessoas com TEA e às crianças com alergia alimentar o ingresso e a permanência, em qualquer local transportando alimentos, para consumo próprio e utensílios de uso pessoal.

A Lei nº 5.886, de 1º de outubro de 2024, promulgada pelo Estado de Rondônia, constitui um marco normativo relevante para a proteção e promoção da dignidade da pessoa humana, particularmente no que se refere à inclusão social de indivíduos com Transtorno do Espectro Autista (TEA) e crianças com alergia alimentar. Essa legislação visa assegurar a igualdade material e o pleno exercício dos direitos fundamentais, garantindo a esses indivíduos o direito de ingressar e permanecer em locais públicos e privados, portando alimentos para consumo próprio e utensílios de uso pessoal. A norma se alinha aos princípios constitucionais da dignidade da pessoa humana e da não discriminação, reforçando a necessidade de adaptações razoáveis para garantir a inclusão efetiva de todos os cidadãos na vida social e comunitária.

Do ponto de vista acadêmico, a Lei nº 5.886/2024 representa um avanço significativo na proteção dos direitos das pessoas com deficiência e de crianças com necessidades especiais de saúde, ao reconhecer a necessidade de tratamento diferenciado para que esses indivíduos possam exercer plenamente seus direitos de maneira equitativa.

A possibilidade de ingresso e permanência em estabelecimentos, como supermercados, cinemas, restaurantes e escolas, portando alimentos específicos para consumo próprio e utensílios pessoais, visa evitar que as limitações impostas pela condição de saúde ou por particularidades individuais se convertam em barreiras à plena participação social. Tal previsão está em consonância com o Estatuto da Pessoa com Deficiência (Lei Federal nº 13.146/2015), que consagra a adaptação razoável e a acessibilidade como direitos fundamentais, indispensáveis à inclusão.

O princípio da dignidade da pessoa humana, fundamento da República Federativa do Brasil, previsto no artigo 1º, inciso III, da Constituição Federal, constitui o eixo central da Lei nº 5.886/2024. Ao permitir que pessoas com TEA e crianças com alergia alimentar ingressem e permaneçam em ambientes públicos e privados, acompanhadas de seus alimentos e utensílios próprios, a legislação garante que esses indivíduos não sejam privados de condições essenciais para a sua saúde e bem-estar.

Dessa forma, ao respeitar as especificidades alimentares e as necessidades individuais dessas pessoas, a lei contribui para a superação de barreiras que historicamente as marginalizam e dificultam sua inclusão plena na sociedade. Nesse contexto, a norma busca também coibir práticas discriminatórias que impeçam a livre circulação e a participação dessas pessoas em espaços públicos e privados.

Outro aspecto relevante da Lei nº 5.886/2024 é a previsão de sanções para os estabelecimentos que não cumprirem suas disposições, estabelecendo a aplicação de multas que variam de 20 a 200 Unidades Padrão Fiscal (UPF/RO) e, em casos de reincidência, até mesmo a cassação da licença de funcionamento. Essa previsão reforça o caráter coercitivo da norma e demonstra o comprometimento do Estado de Rondônia com a efetividade dos direitos assegurados pela legislação, reconhecendo que a simples previsão legal, sem mecanismos de fiscalização e penalização adequados, não seria suficiente para garantir a proteção dos direitos das pessoas beneficiárias da lei.

A aplicação da Lei nº 5.886/2024 está também fundamentada pela necessidade de adaptações razoáveis, conforme disposto na Lei Brasileira de Inclusão. A exigência de que indivíduos com TEA ou alergia alimentar apresentem laudo médico ou carteira de identificação, prevista no § 1º do artigo 1º, está em consonância com o direito à informação e à documentação pública como mecanismos de acesso aos direitos assegurados. Nesse sentido, a legislação visa assegurar um equilíbrio entre o cumprimento dos direitos dos indivíduos com necessidades especiais e a viabilidade prática para os estabelecimentos, prevenindo abusos e garantindo um cumprimento claro e eficaz dos direitos previstos.

Além disso, ao destinar os recursos arrecadados das multas para o Fundo Estadual de Assistência Social (FEAS), com preferência para instituições voltadas ao atendimento de pessoas com autismo, a lei reafirma seu caráter inclusivo e socialmente responsável. Esse dispositivo não apenas penaliza o descumprimento da norma, mas também promove a assistência e o suporte às pessoas com TEA, fortalecendo as políticas públicas de proteção e apoio a essas comunidades.

Portanto, a Lei nº 5.886/2024 materializa avanços significativos no campo dos direitos humanos e da inclusão social, destacando-se pelo seu compromisso com a dignificação da pessoa humana e pela promoção de uma sociedade mais justa e igualitária. Ao garantir o direito de indivíduos com TEA e crianças com alergia alimentar de ingressarem e permanecerem em locais públicos e privados, acompanhados de alimentos e utensílios próprios, a legislação combate a discriminação, assegura o respeito à diversidade e promove a integração plena desses indivíduos na vida em sociedade. Dessa forma, reafirma-se o compromisso do Estado de Rondônia em garantir condições que possibilitem o pleno exercício dos direitos fundamentais, sob a perspectiva da dignidade da pessoa humana.

6. A Importância da Concretização desses Direitos

A constitucionalização do Direito Civil e do Direito Processual Civil no âmbito do Direito do Consumidor representa um marco essencial para a evolução do ordenamento jurídico brasileiro, pois desloca o foco do direito privado para a centralidade dos direitos fundamentais. Esse movimento não apenas atualiza a interpretação das normas civis e processuais, mas garante que os valores constitucionais - especialmente a dignidade da pessoa humana, a igualdade e a proteção das partes vulneráveis - se tornem efetivamente aplicáveis nas relações sociais cotidianas.

A concretização desses direitos é indispensável porque o consumidor, figura reconhecidamente vulnerável, enfrenta uma relação marcada pela profunda desigualdade informacional e econômica. Enquanto fornecedores dispõem de maior expertise técnica e poder de barganha, o consumidor depende de um sistema jurídico capaz de nivelar essa relação. Assim, a intervenção estatal e a leitura constitucionalizada do Direito tornam-se instrumentos essenciais para assegurar equilíbrio, transparência e justiça.

A incorporação dos princípios constitucionais às relações de consumo reforça o compromisso do Estado brasileiro em garantir que os direitos fundamentais ultrapassem o plano teórico e se realizem de maneira concreta. Não se trata apenas de proteger consumidores contra práticas abusivas, mas de reafirmar que a dignidade humana deve orientar o comportamento dos agentes econômicos e a própria estrutura do mercado. Nesse sentido, o Código de Defesa do Consumidor desempenha papel decisivo ao estabelecer mecanismos capazes de corrigir desigualdades estruturais e promover relações de consumo éticas, equilibradas e pautadas pela boa-fé.

A ideia de mutação constitucional assume relevância nessa dinâmica ao demonstrar que a Constituição é um texto vivo, capaz de responder às novas demandas sociais sem necessidade de reformas formais. Em uma sociedade em constante transformação - influenciada pela tecnologia, pela globalização e pelas mudanças de comportamento - essa adaptabilidade constitucional é fundamental para assegurar que a legislação consumerista permaneça atual, eficaz e realmente protetiva.

Historicamente, o Direito Civil foi visto como um campo autônomo e distante das diretrizes constitucionais. Contudo, a Constituição de 1988 rompeu essa distância ao estabelecer princípios que passaram a irradiar por todo o sistema jurídico. Hoje, interpretar o Direito Civil e o Direito Processual Civil à luz da Constituição não é uma opção teórica, mas uma exigência prática para garantir a efetividade dos direitos fundamentais. No contexto das relações de consumo, esse diálogo entre os ramos do Direito é imprescindível para corrigir desigualdades e promover inclusão social.

A jurisprudência desempenha papel determinante nesse processo de concretização. Decisões judiciais - como as identificadas no Tribunal de Justiça de Rondônia -mostram que a aplicação direta dos princípios constitucionais às relações de consumo fortalece a proteção ao consumidor e reafirma a dignidade humana como eixo interpretativo das normas. A atuação do Judiciário assegura que a proteção prevista no CDC seja materialmente efetivada, evitando que os direitos permaneçam meramente declaratórios.

Esse fortalecimento jurisprudencial reflete uma tendência nacional de consolidar a tutela constitucional do consumidor, reconhecendo sua vulnerabilidade como base do sistema protetivo. Ao aplicar os princípios constitucionais às relações concretas, o Judiciário contribui para a construção de um mercado mais justo, transparente e comprometido com o bem-estar coletivo.

Assim, a constitucionalização do Direito Civil e do Direito Processual Civil não é apenas uma mudança de método interpretativo, é um compromisso ético, jurídico e político com a realização dos direitos fundamentais. Para que a dignidade da pessoa humana não se reduza a um ideal abstrato, é indispensável que ela se manifeste na prática, especialmente nas relações de consumo, em que a desigualdade entre as partes é evidente e constante.

Conclui-se que a efetiva concretização dos direitos constitucionais nas relações de consumo representa um avanço significativo para a promoção da justiça social, da igualdade e da dignidade humana. Fortalecer a proteção do consumidor é fortalecer a própria democracia, pois consolida um sistema jurídico que reconhece, acolhe e protege aqueles que se encontram em situação de vulnerabilidade. A constitucionalização dos direitos consumeristas, portanto, reafirma o compromisso contínuo do Estado brasileiro com a construção de uma sociedade mais justa, responsável e verdadeiramente igualitária.

7. Referências Bibliográficas

ABREU, Leonardo Pinto Andrade de. A recuperação judicial na lei brasileira e na lei americana. 2014. Tese (Bacharelado). Curso de Direito. Universidade Federal do Paraná, Curitiba, 2014. Disponível em: <https://acervodigital.ufpr.br/bitstream/handle/1884/37774/90.pdf?sequence=1&isAllo wed=y>. Acesso em: 23 ago. 2021.

BAUMAN, Zygmunt. Vida para o consumo: a transformação das pessoas em mercadoria. Rio de Janeiro: Zahar, 2008. p. 19.

BEZERRA, Oswaldo Vasconcelos. Artigo – Regulamentação da Falência Individual: saída da crise econômica. O Impacto. 5 ago. 2019. Disponível em:

<https://oimpacto.com.br/2019/08/05/artigo-regulamentacao-da-falencia-individual-sa ida-da-crise-economica/>. Acesso em: 23 ago. 2021.

BRASIL. Lei nº 12.414, de 9 de junho de 2011. Disciplina a formação e consulta a bancos de dados com informações de adimplemento, de pessoas naturais ou de pessoas jurídicas, para formação de histórico de crédito. Brasília, DF: palácio do Planalto, 2011. Disponível em:< http://www.planalto.gov.br/ccivil_03/_ato2011-2014/2011/lei/l12414.htm>. Acesso em: 9 out. 2021.

BRASIL. Lei nº 14.181, de 1º de julho de 2021. Altera a Lei nº 8.078, de 11 de setembro de 1990 (Código de Defesa do Consumidor), e a Lei nº 10.741, de 1º de outubro de 2003 (Estatuto do Idoso), para aperfeiçoar a disciplina do crédito ao consumidor e dispor sobre a prevenção e o tratamento do superendividamento. Brasília, DF: palácio do Planalto, 2021. Disponível em: <http://www.planalto.gov.br/ccivil_03/_ato2019-2022/2021/lei/L14181.htm>. Acesso em: 9 out. 2021.

BRASIL. Lei nº 8.078, de 11 de setembro de 1990. Dispõe sobre a proteção do consumidor e dá outras providências. Brasília, DF: palácio do Planalto, 1990. Disponível em: <http://www.planalto.gov.br/ccivil_03/LEIS/L8078.htm>. Acesso em: 9 out. 2021.

BRASIL. Banco Central do Brasil. Empréstimos Consignados. Brasília: Banco Central do Brasil, 2023. Disponível em: https://www.bcb.gov.br/meubc/faqs/p/o-quee-margem-consignavel. Acesso em: 22 mar. 2024.

BRASIL. Banco Central do Brasil. Estatísticas Monetárias e de Crédito. Brasília: Banco Central do Brasil, 2024. Disponível em: . Acesso em: 02 mar. 2024.

BRASIL. Banco Central do Brasil. Taxas de juros básicas – Histórico. Brasília: Banco Central do Brasil, 2024. Disponível em: . Acesso em: 09 mar. 2024.

BRASIL. Câmara dos Deputados. Projeto de Lei nº 3515, de 04 de novembro 2015. Altera a Lei nº 8.078, de 11 de setembro de 1990 (Código de Defesa do Consumidor), e o art. 96 da Lei nº 10.741, de 1º de outubro de 2003 (Estatuto do 74 Idoso), para aperfeiçoar a disciplina do crédito ao consumidor e dispor sobre a prevenção e o tratamento do superendividamento. Brasília/DF: 2015.Disponível em: https://www.camara.leg.br/proposicoesWeb/fichadetramitacao?idProposicao=2052490#:~:text=PL%203515%2F2015%20Inteiro%20teor,Projeto%20de%20Lei&text=Altera%20a%20Lei%20n%C2%BA%208.078,e%20o%20tratamento%20do%20superendi vidamento. Acesso em: 29 mar. 2024.

BRASIL. Decreto nº 11.567, de 19 de junho de2023. Altera o Decreto nº 11.150, de 26 de julho de 2022, que regulamenta a preservação e o não comprometimento do mínimo existencial para fins de prevenção, tratamento e conciliação de situações de superendividamento em dívidas de consumo, nos termos do disposto na Lei nº 8.078, de 11 de setembro de 1990 - Código de Defesa do

Consumidor, e dispõe sobre os mutirões para a repactuação de dívidas para a prevenção e o tratamento do superendividamento por dívidas de consumo. Diário Oficial da União, Brasília, DF, 19 de junho 2023.

BRASIL. Enunciado n. 169 da III Jornada de Direito Civil. Conselho Federal de Justiça.Disponível em: <https://www.cjf.jus.br/enunciados/enunciado/300> Acesso em 01 abr. 2024.

BRASIL. Lei nº 14.181, de 1º de julho de 2021. Dispõe sobre o superendividamento do consumidor pessoa natural, altera a Lei nº 8.078, de 11 de setembro de 1990 (Código de Defesa do Consumidor), e o Decreto-Lei nº 911, de 1º de outubro de 1969, e dá outras providências. Diário Oficial da União, Brasília/DF, 2 jul. 2021. Disponível em: https://www.planalto.gov.br/ccivil_03/_ato2019-2022/2021/lei/l14181.htm . Acesso em: 10 dez. 2023.

BRASIL. Lei nº 14.431, de 3 de agosto de 2022. Altera as Leis nºs 10.820, de 17 de dezembro de 2003, 8.213, de 24 de julho de 1991, e 8.112, de 11 de dezembro de 1990, para ampliar a margem de crédito consignado aos empregados regidos pela Consolidação das Leis do Trabalho, aprovada pelo Decreto-Lei nº 5.452, de 1º de maio de 1943, aos segurados do regime próprio de previdência social dos servidores públicos federais, aos servidores públicos federais e aos segurados do Regime Geral de Previdência Social e para autorizar a realização de empréstimos e financiamentos mediante crédito consignado para beneficiários do benefício de prestação continuada e de programas federais de transferência de renda, a Lei nº 13.846, de 18 de junho de 2019, para dispor sobre a restituição de valores aos cofres públicos, e a Lei nº 14.284, de 29 de dezembro de 2021, para alterar procedimentos relativos à concessão do Auxílio Inclusão Produtiva Urbana. Diário Oficial da União, Brasília/DF, 4 de agosto 2022.

BRASIL. Lei nº 14.509, de 27 de dezembro de 2022. Dispõe sobre o percentual máximo aplicado para a contratação de operações de crédito com desconto automático em folha de pagamento por servidores públicos federais. Diário Oficial da União, Brasília/DF, 27 de dezembro. 2022.

BRASIL. Lei Nº 8.078, de 11 de setembro de 1990. Dispõe sobre a proteção do consumidor e dá outras providências. Brasília/DF: Diário Oficial da União, 1990.Disponível em: https://www.planalto.gov.br/ccivil_03/leis/l8078compilado.htm. Acesso em: 05 jan. 2024.

BRASIL. Recomendação nº 125, de 24 de dezembro de 2021. Dispõe sobre os mecanismos de prevenção e tratamento do superendividamento e a instituição de Núcleos de Conciliação e Mediação de conflitos oriundos de 75 superendividamento, previstos na Lei n o 14.181/2021. Brasília/DF: 2021.Disponível em: < https://atos.cnj.jus.br/files/original1456372022010761d854a59e2f5.pdf > Acesso em 01 abr. 2024.

BRASIL. Senado Federal. Comissão Especial para o Projeto de Lei 3515/15 - Superendividamento do

Consumidor. Altera a Lei nº 8.078, de 11 de setembro de 1990 (Código de Defesa do Consumidor), e o art. 96 da Lei nº 10.741, de 1º de outubro de 2003 (Estatuto do Idoso), para aperfeiçoar a disciplina do crédito ao consumidor e dispor sobre a prevenção e o tratamento do superendividamento. Brasília/DF: 2015. Disponível em: https://www.camara.leg.br/proposicoesWeb/prop_mostrarintegra?codteor=1864184. Acesso em: 29 mar. 2024.

BRASIL. Senado Federal. Projeto de Lei nº 283, de 2012. Altera a Lei nº 8.078, de 11 de setembro de 1990 (Código de Defesa do Consumidor), para aperfeiçoar a disciplina do crédito ao consumidor e dispor sobre a prevenção do superendividamento. Brasília/DF: 2012. Disponível em: https://www25.senado.leg.br/web/atividade/materias/-/materia/106773. Acesso em: 29 mar. 2024.

BRASIL. Superior Tribunal de Justiça. Recurso Especial nº 758.518 - PR (2005/0096775-4) 313060/SP. DIREITO CIVIL. CONTRATOS. BOA-FÉ OBJETIVA. STANDARD ÉTICO-JURÍDICO. OBSERVÂNCIA

PELAS PARTES CONTRATANTES. DEVERES ANEXOS. DUTY TO MITIGATE THE LOSS. DEVER DE MITIGAR O PRÓPRIO PREJUÍZO. INÉRCIA DO CREDOR. AGRAVAMENTO DO DANO. INADIMPLEMENTO CONTRATUAL. RECURSO IMPROVIDO. 1. Boa-fé objetiva. Standard ético-jurídico. Observância pelos contratantes em todas as fases. Condutas pautadas pela probidade, cooperação e lealdade. 2. Relações obrigacionais. Atuação das partes. Preservação dos direitos dos contratantes na consecução dos fins. Impossibilidade de violação aos preceitos éticos insertos no ordenamento jurídico. 3. Preceito decorrente da boa-fé objetiva. Duty to mitigate the loss: o dever de mitigar o próprio prejuízo. Os contratantes devem tomar as medidas necessárias e possíveis para que o dano não seja agravado. A parte a que a perda aproveita não pode permanecer deliberadamente inerte diante do dano. Agravamento do prejuízo, em razão da inércia do credor. Infringência aos deveres de cooperação e lealdade. 4. Lição da doutrinadora Véra Maria Jacob de Fradera. Descuido com o dever de mitigar o prejuízo sofrido. O fato de ter deixado o devedor na posse do imóvel por quase 7 (sete) anos, sem que este cumprisse com o seu dever contratual (pagamento das prestações relativas ao contrato de compra e venda), evidencia a ausência de zelo com o patrimônio do credor, com o consequente agravamento significativo das perdas, uma vez que a realização mais célere dos atos de defesa possessória diminuiria a extensão do dano.5. Violação ao princípio da boa-fé objetiva. Caracterização de inadimplemento contratual a justificar a penalidade imposta pela Corte originária, (exclusão de um ano de ressarcimento). 6. Recurso improvido. Recorrente: Muretama Edificações E Empreendimentos Ltda. Recorrido: Sérgio Meca De Lima. Relatora: Min. Vasco Della Giustina, 17 de junho de 2010. Disponível em: . Acesso em: 29 mar. 2024.

CARLA, Joyce. O que é e como funciona a Serasa? Serasa Ensina. Disponível em: <https://www.serasa.com.br/ensina/seu-nome-limpo/como-serasa-funciona/>. Acesso em: 9 out. 2021.

COELHO, Fábio Ulhoa. Manual de Direito Comercial: Direito de Empresa. 15ª ed. São Paulo: Saraiva, 2018.

EDWARDS, Chilperic. The World's Earliest Laws. London: Katts & Co., 1934. LOURENÇO, Luís Carlos. Os 30 anos do CDC. Migalhas. Disponível em: https://www.migalhas.com.br/depeso/333253/os-30-anos-do-cdc. Acesso em: 14/09/2024

FALÊNCIA - uma nova oportunidade em sua vida. Apsan Law Offices, LLC. Disponível em: <http://www.apsanlaw.com/mlaw-383.Falencia---uma-nova-oportunidade-em-sua-vid a.html>. Acesso em: 23 ago. 2021.

FRANÇA, República Francesa. Loi n° 93-949 du 26 juillet 1993 relative au Code de la Consommation (partie Législative). Disponível em: https: https://www.legifrance.gouv.fr/jorf/id/JORFTEXT000000529228/. Acesso em: 25 jan. 2024

GONÇALVES, Fábio Antunes. GARANTIA ECONÔMICA: Lei americana consegue preservar empresas da falência. Consultor Jurídico. 11 jul. 2008. Disponível em:

<https://www.conjur.com.br/2008-jul-11/lei_americana_
preserva_empresas_falencia>
. Acesso em: 23 ago. 2021.

GRENZ, Stanley J. Pós-modernismo: um guia para entender a filosofia do nosso tempo. São Paulo: Vida Nova, 2008. p. 28.

GUGLINSKI, Vitor. Breve histórico do Direito do Consumidor e origens do Código de Defesa do Consumidor. Meu Site Jurídico. 8 mai. 2019. Disponível em:
<https://meusitejuridico.editorajuspodivm.com.br/2019/0
5/08/breve-historico-direito-c
onsumidor-e-origens-codigo-de-defesa-consumidor/#:~:t
ext=Na%20Fran%C3%A7a
%2C%20a%20legisla%C3%A7%C3%A3o%20consume
rista%20%C3%A9%20vasta.
&text=Criou%2Dse%20ainda%2C%20em%201978,abu
sividade%20nas%20rela%C
3%A7%C3%B5es%20de%20consumo.>. Acesso em: 23 ago. 2021.

HISTÓRIA dos Estados Unidos (1918-1945). Wikipedia. Disponível em: <https://pt.wikipedia.org/wiki/Hist%C3%B3ria_dos_Estados_Unidos_(1918-1945)>. Acesso em: 23 ago. 2021.

IBDFAM. Constitucionalização do Direito Civil. Disponível em: https://ibdfam.org.br/artigos/129/Constitucionaliza%C3%A7%C3%A3o+do+Direito+C ivil. Acesso em: 13/08/2024

MARQUES, Cláudia Lima. O Código de Defesa do Consumidor e a Dignidade da Pessoa Humana. 5ª ed. São Paulo: Revista dos Tribunais, 2015.

PodjusC. Publicação no X. Disponível em: https://x.com/PodjusC/status/1854448220245479781. Acesso em: 2 de abril de 2023. Blog Gran Cursos Online. Mutação Constitucional e seus Limites: Um Encontro do Texto com a Realidade. Disponível em:

https://blog.grancursosonline.com.br/mutacao-constitucional-e-seus-limites-um-encontro-do-texto-com-realidade. Acesso em: 20/10/2024

CONTEÚDO JURÍDICO. Superendividamento: o Impacto Socioeconômico na Proteção ao Consumidor Superendividado. Disponível em: https://conteudojuridico.com.br/consulta/Artigos/57768/superendividamento-o-impacto-socioeconmico-na-proteo-ao-consumidor-superendividado. Acesso em: 20/10/2024

JUSBRASIL. Mutação Constitucional: Conceito, Histórico e Evolução. Disponível em: https://www.jusbrasil.com.br/artigos/mutacao-constitucional-conceito-historico-e-evol ucao/154636521. Acesso em: 14/09/2024

LENZA, Pedro. Esquematizado: Direito Constitucional. São Paulo: Editora Saraiva, 2020. Disponível em:

<https://integrada.minhabiblioteca.com.br/#/books/9788553619306/>. Acesso em: 16 out. 2021.

MARQUES, Maria Manuel Leitão; FRADE, Catarina. O endividamento dos consumidores em Portugal: questões principais. Notas Económicas nº 14 (Actas). Coimbra: Faculdade de Economia da Universidade de Coimbra, 2000. MINISTÉRIO DA JUSTIÇA E SEGURANÇA PÚBLICA. Lei do Superendividamento. Youtube, 9 nov. 2021. Disponível em: <https://www.youtube.com/watch?v=pb4ZkS_-4F0&t=3512s>. Acesso em: 23 nov. 2021.Renegociação de dívidas: tudo o que você precisa saber - Núcleo de acesso ao crédito. Núcleo de acesso ao crédito, 2019. Disponível em: <https://nac.cni.com.br/blog/renegociacao-de-dividas/>. Acesso em: 9 out. 2021.

MIGALHAS. Art. 1º do CPC - Constitucionalização do Processo. Disponível em: https://www.migalhas.com.br/coluna/cpc-marcado/29513

2/art--1--do-cpc---constitucio nalizacao-do-processo. Acesso em: 15/07/2024

LOURENÇO, Luís Carlos. Os 30 anos do CDC. Migalhas. Disponível em: https://www.migalhas.com.br/depeso/333253/os-30-anos-do-cdc. Acesso em: 14/09/2024.

SANTOS, Boaventura de Souza. Pela mão de Alice: o social e o político na pós-modernidade. 8 ed. São Paulo: Cortez, 2001. p. 110

SCARPINELLA BUENO, Cássio. Obras Jurídicas. São Paulo: EPM, 2023. Disponível em: https://scarpinellabueno.com/images/textos-pdf/016.pdf. Acesso em: 26/08/2024.

SILVA, Daniel Neves. Crise de 1929. Brasil Escola. Disponível em: <https://brasilescola.uol.com.br/historiag/crise29.htm>. Acesso em: 23 ago. 2021. TJSP. Obras Jurídicas: Curso de Constitucionalização do Código Civil. São

Paulo:EPM, 2023. Disponível em: https://www.tjsp.jus.br/download/EPM/Publicacoes/ObrasJuridicas/cc04.pdf. Acesso em: 14/09/2024.

VUONO, Natasha de. Insolvência civil vs. personal bankruptcy nos Estados Unidos. Migalhas. 11 dez. 2019. Disponível em: <https://www.migalhas.com.br/depeso/316778/insolvencia-civil-vs--personal-bankrup tcy-nos-estados-unidos>. Acesso em: 23 ago. 2021.

[1] No orginal: La situation de surendettement des personnes physiques est caractérisée par l'impossibilité manifeste pour le débiteur de bonne foi de faire face à l'ensemble de ses dettes non professionnelles exigibles et à échoir. [...]. Code de la consommation.

www.ingramcontent.com/pod-product-compliance
Lightning Source LLC
LaVergne TN
LVHW060443051026
849518LV00002B/588
9786501840130